Huebers Grammatik-ABC
Französisch

herausgegeben von

LEXUS

mit
Angelika Moeller

MAX HUEBER VERLAG
MÜNCHEN

Deutschsprachige Ausgabe
Max Hueber Verlag München 1984

© RICHARD DREW PUBLISHING LTD.
AND LEXUS LTD. 1984

Druck: Cox & Wyman Ltd.
Printed in Great Britain

ISBN 3-19-006334-6

Alle Rechte, auch die des Nachdruckes, der Wiedergabe in jeder Form und der Übersetzung in andere Sprachen, behalten sich Urheber und Verleger vor. Es ist ohne schriftliche Genehmigung des Verlages nicht erlaubt, das Buch oder Teile daraus auf fotomechanischem Weg (Fotokopie, Mikrokopie) zu vervielfältigen oder unter Verwendung elektronischer bzw. mechanischer Systeme zu speichern, systematisch auszuwerten oder zu verbreiten (mit Ausnahme der in den § 53, 54 Urg. ausdrücklich genannten Sonderfälle).

IHR GRAMMATIK-ABC
vermittelt die grammatischen Grundkenntnisse, die Sie zum Erlernen der französischen Sprache brauchen. Eine alphabetisch geordnete Liste gibt in einfacher, verständlicher Form Auskunft über:

* so wichtige Gebiete der Grammatik wie Gebrauch der Zeiten, Subjonctif, Personalpronomen u.a.
* die Konjugation der regelmäßigen und unregelmäßigen Verben
* die verschiedenen Bedeutungsmöglichkeiten von 'avoir', 'aller', 'dont', 'en', 'faire' etc.
* den richtigen Gebrauch der Zahlen sowie Angaben zu Datum und Uhrzeit
* und noch vieles dazu

IHR GRAMMATIK-ABC
ist benutzerfreundlich und erleichtert das Nachschlagen und Lernen durch die alphabetische Anordnung. Wollen Sie sich z.B. über den Gebrauch des Artikels informieren, so schlagen Sie unter 'Artikel' nach; zusätzlich findet sich unter 'le, la, les' ein Querverweis (siehe ARTIKEL). Auch wenn unterschiedliche Ausdrücke für dieselbe grammatische Erscheinung gelten (z.B. 'Imperativ' und 'Befehlsform'), zeigen Querverweise (z.B. siehe IMPERATIV), wo Sie die gewünschte Information finden können. Erscheint ein Wort in BLOCKSCHRIFT, so bedeutet dies, daß Sie es an anderer Stelle nachschlagen und mehr darüber erfahren können.

IHR GRAMMATIK-ABC eignet sich
besonders:

als Lernbegleiter
zum Selbststudium
zur Prüfungsvorbereitung
zum schnellen Nachschlagen

à (in Verbindung mit 'le': wird zu **au**; mit 'les' zu **aux**)

1. *(Ort: in, an)* **il habite à Paris** *er lebt in Paris;* **il est au bureau** *er ist im Büro;* **elle attend à la gare** *sie wartet am Bahnhof*

2. *(Bewegung: auf, in, nach, zu etc.)* **il va à Genève** *er fährt nach Genf;* **elle va à la campagne** *sie fährt aufs Land;* **il est parti à la gare** *er ist zum Bahnhof gefahren;* **ils sont allés au cinéma** *sie sind ins Kino gegangen*

3. *(an, für; im Deutschen meist mit Dativ und daher ohne Präposition)* **je l'ai donné à mon frère** *ich habe es meinem Bruder gegeben;* **il l'a lancé à son copain** *er hat ihn seinem Freund zugeworfen;* **il a acheté un cadeau à son frère** *er hat seinem Bruder ein Geschenk gekauft;* **ils ont distribué des livres aux élèves** *sie haben Bücher an die Schüler verteilt*

4. *(von, aus)* **il l'a acheté à son copain** *er hat es seinem Freund abgekauft;* **elle est allée chercher de l'eau à la fontaine** *sie hat Wasser vom Brunnen geholt;* **il est allé chercher sa voiture au garage** *er holt sein Auto aus der Garage*

5. *(Besitz)* **à qui est ce crayon? – il est à moi** *wem gehört dieser Bleistift? – (er gehört) mir*

6. *(Mittel)* **c'est chauffé à l'électricité ou au gaz?** *wird das mit Strom oder Gas beheizt?;* **il a fallu dégager le chemin à la pelle** *der Weg mußte freigeschaufelt werden;* **es-tu payé au mois ou à l'heure?** *wirst du monatlich oder stundenweise bezahlt?*

7. *(Datum, Zeit)* **à huit heures** *um acht Uhr;* **au mois d'avril** *im April;* **au printemps** *im Frühjahr*

8. *(Verabschiedung)* **à la semaine prochaine!** *bis nächste Woche!;* **à lundi!** *bis Montag!*

6 ADJEKTIVE

Adjektive

◆ *Übereinstimmung von Substantiv und Adjektiv*
Im Französischen richtet sich das Adjektiv in
Geschlecht und Zahl stets nach seinem
Bezugswort – d.h., wenn dieses weiblich ist, hat
auch das Adjektiv eine weibliche Endung,
erscheint das Bezugswort im Plural, erhält auch
das Adjektiv eine Pluralendung:

   la petite maison   *das kleine Haus*
   de beaux livres   *schöne Bücher*

Merke: Im Unterschied zum Deutschen verändert
sich das Adjektiv auch im prädikativen
Gebrauch:

   cette maison est petite   *dieses Haus ist klein*

Wie bei den Substantiven wird die regelmäßige
weibliche Form des Adjektivs gebildet, indem
man an die männliche Form ein '-e' anhängt:

	MÄNNLICH	WEIBLICH	
	petit	petite	
	vert	verte	
	bleu	bleue	
aber	jeune	jeune	bleiben
	vide	vide	unverändert

Der Plural wird gebildet, indem man an den
Singular ein '-s' anhängt:

        petits   petites
        verts   vertes
        bleus   bleues
        jeunes   jeunes
        vides   vides

Folgende Adjektive weisen Besonderheiten bei
der Bildung der weiblichen Form auf. Die in
Klammern gesetzte Lautschrift wird unter
AUSSPRACHE erläutert:

MÄNNLICH	WEIBLICH
(a) vif[1], neuf (vif, nœf)	vive, neuve (viv, nœv)
(b) heureux, jaloux	heureuse, jalouse
(œrø, ʒalu)	(œrøz, ʒaluz)

ADJEKTIVE 7

menteur[2] (mãtœr)	menteuse (mãtøz)
(c) léger (leʒe)	légère (leʒɛr)
premier (prəmje)	première (prəmjɛr)
(d) bas[3] (bɑ)	basse (bɑs)
cruel (kryɛl)	cruelle (kryɛl)
épais (epɛ)	épaisse (epɛs)
gentil (ʒɑ̃ti)	gentille (ʒɑ̃tij)
gras (grɑ)	grasse (grɑs)
gros (gro)	grosse (gros)
las (lɑ)	lasse (lɑs)
muet[4] (mɥɛ)	muette (mɥɛt)
pareil (parɛj)	pareille (parɛj)
sot (so)	sotte (sɔt)
(e) bon (bɔ̃)	bonne (bɔn)
italien (italjɛ̃)	italienne (italjɛn)
paysan (peizɑ̃)	paysanne (peizan)

Ausnahmen:
1. bref (brɛf) — brève (brɛv)
2. meilleur (mɛjœr) — meilleure (mɛjœr)
   supérieur (syperjœr) — supérieure (syperjœr)
   inférieur (ɛ̃ferjœr) — inférieure (ɛ̃ferjœr)
3. ras (rɑ) — rase (rɑz)
4. complet (kɔ̃plɛ) — complète (kɔ̃plɛt)
   discret (diskrɛ) — discrète (diskrɛt)
   inquiet (ɛ̃kjɛ) — inquiète (ɛ̃kjɛt)
   secret (səkrɛ) — secrète (səkrɛt)

◆ *Adjektive mit unregelmäßiger weiblicher Form*

MÄNNLICH	WEIBLICH
beau (bel)* (bo, bɛl)	belle (bɛl)
blanc (blɑ̃)	blanche (blɑ̃ʃ)
doux (du)	douce (dus)
faux (fo)	fausse (fos)
favori (favɔri)	favorite (favɔrit)
fou (fol)* (fu, fɔl)	folle (fɔl)
frais (frɛ)	fraîche (frɛʃ)
franc (frɑ̃)	franche (frɑ̃ʃ)
long (lɔ̃)	longue (lɔ̃g)
mou (mol)* (mu, mɔl)	molle (mɔl)
nouveau (nouvel)* (nuvo, nuvɛl)	nouvelle (nuvɛl)

8 ADJEKTIVE

roux (ru)   rousse (rus)
sec (sɛk)   sèche (sɛʃ)
vieux (vieil)* (vjø, vjɛj)   vieille (vjɛj)

*Die in Klammern gesetzte Form wird vor einem männlichen Substantiv im Singular verwendet, das mit einem Vokal oder stummem h beginnt:

    un bel homme
    un fol espoir
    le nouvel an
    un vieil homme

◆ *Adjektive mit unregelmäßiger Pluralbildung:*

SINGULAR	PLURAL	BEISPIEL
-s, -x	bleibt	un homme heureux
		des hommes heureux
		un chapeau gris
		des chapeaux gris
-eau	+x	un nouveau restaurant
		de nouveaux restaurants
-al*	-aux	un ami loyal
		des amis loyaux

*Ausnahme: final>finals, naval>navals

◆ *Stellung der Adjektive*

Im Französischen werden die Adjektive im allgemeinen **nachgestellt:**

    du vin **rouge**** *Rotwein*
    un auteur **français**** *ein französischer Schriftsteller*
    un repas **délicieux** *ein köstliches Essen*

Adjektive, die eine staatliche, politische oder konfessionelle Zugehörigkeit sowie eine Farbe bezeichnen, werden **stets nachgestellt.

Zu den Adjektiven, die **vorangestellt** werden können, gehören:

    bon (*gut*); mauvais (*böse, schlecht*)
    vieux (*alt*); jeune (*jung*)
    nouveau (*neu*); ancien (*alt*)
    grand (*groß*); petit (*klein*)
    joli (*hübsch*); beau (*schön*)
    haut (*hoch*); long (*lang*); gros (*dick*)

cher (*lieb*); propre (*eigen*); vrai (*wirklich*)
Merke: Bei einigen dieser Adjektive ändert sich
mit der **Stellung** auch die **Bedeutung**, wie die
folgenden Beispiele zeigen:

VORANGESTELLT	NACHGESTELLT
un *ancien* élève:	un château *ancien*:
ein *ehemaliger* Schüler	ein *altes* Schloß
un *brave* homme:	un homme *brave*:
ein *ehrlicher* Mann	ein *tapferer* Mann
un *cher* collègue:	un cadeau *cher*:
ein *lieber* Kollege	ein *teures* Geschenk
ma *propre* voiture:	ma voiture *propre*:
mein *eigenes* Auto	mein *sauberes* Auto
son *vrai* nom:	un récit *vrai*:
sein *richtiger* Name	eine *wahre* Geschichte
un *grand* homme:	un homme *grand*:
ein *bedeutender* Mann	ein *großer* Mann

◆ *Adjektive können wie im Deutschen auch
substantivische Bedeutung annehmen:*
quels gants préférez-vous: **les noirs** ou **les
bruns?**
welche Handschuhe gefallen Ihnen besser: die
schwarzen *oder* die braunen?

Adverbien

Im Gegensatz zum Adjektiv ist das Adverb
unveränderlich. Es dient der näheren
Bestimmung eines Adjektivs, eines Verbs, eines
anderen Adverbs oder eines ganzen Satzes.
Anders als im Deutschen haben Adjektiv und
Adverb im Französischen unterschiedliche
Formen. Die regelmäßigen Adverbien werden
gebildet, indem man an die weibliche Form des
Adjektivs die Endung **-ment** anhängt:

doux – douce > doucement   *sanft*
franc – franche > franchement   *ehrlich*
fier – fière > fièrement   *stolz*

Besonderheiten:
1. Bei Adjektiven, die in der männlichen Form auf
'-i' oder '-é' enden, wird die Endung **-ment** an die

männliche Form angehängt:
  poli > poliment *höflich*
  délibéré > délibérément *absichtlich*
2. Adjektive auf '-ant' oder '-ent' bilden das Adverb auf '-amment' bzw. '-emment'*:
  constant   > constamment
  violent   > violemment
*Ausnahmen: lent   > lentement
  présent   > présentement

Adverbien mit unregelmäßiger Bildung:

ADJEKTIV		ADVERB
bon	*gut*	bien
bref	*kurz*	brièvement
énorme	*gewaltig*	énormément
gentil	*nett*	gentiment
mauvais	*schlecht*	mal
meilleur	*besser*	mieux
profond	*tief*	profondément

siehe auch STEIGERUNG

aimer *(lieben, gern haben, mögen)*
  1. j'aimerais un croissant, s'il vous plaît *ich hätte/möchte gern ein Croissant;* **j'aimerais partir demain** *ich würde gern/möchte morgen abreisen*
  2. aimer faire qc *(etw gern tun/haben):* **j'aimerais bien aller à Paris** *ich würde gern nach Paris fahren;* **je n'aime pas regarder la télé** *ich sehe nicht gern fern*
  3. aimer mieux (faire) qc *(etw lieber tun/haben):* **j'aime mieux ce fromage-là** *den Käse (dort) mag ich lieber;* **j'aimerais mieux un croissant** *ich hätte/möchte lieber ein Croissant;* **j'aimerais mieux partir tout de suite** *ich möchte lieber gleich abreisen*

aller zur Konjugation siehe UNREGELMÄSSIGE VERBEN
  1. *(als Hilfsverb, mit Bezug auf die unmittelbare Zukunft)* **je vais y aller tout de suite** *ich werde/will da gleich mal hingehen;* **attends, je**

vais répondre *einen Moment, ich gehe mal eben dran (Telefon)/ich schaue mal eben nach (Türklingel);* **si ça continue, je vais me fâcher** *wenn das so weitergeht, werde ich sehr ärgerlich*

2. *(passen, stehen)* **cette veste lui va bien** *diese Jacke paßt/steht ihr gut;* **à huit heures, ça vous va?** *paßt Ihnen acht Uhr?;* **cette couleur va bien avec le tapis** *diese Farbe paßt gut zum Teppich*

3. *(Zustand)* **comment ça va?** *wie geht's?;* **les affaires, ça va?** *wie läuft das Geschäft?/was machen die Geschäfte?;* **ça allait mieux le mois dernier** *im letzten Monat lief es besser;* **ça va mal dans leur pays** *es steht schlecht um ihr Land;* **il ne va pas très bien** *es geht ihm nicht gut*

4. **s'en aller** *(gehen, fortgehen, aufbrechen):* **il est déjà 10 heures, on devrait s'en aller** *es ist schon 10 Uhr, wir sollten langsam aufbrechen;* **il s'en est allé sans rien dire** *er ist fort, ohne ein Wort zu sagen;* **va-t'en!** *verschwinde!/mach, daß du wegkommst!*

Alphabet siehe AUSSPRACHE

après 1. *(räumlich)* **après les feux rouges** *nach/hinter der Ampel*

2. *(zeitlich)* **après deux mois** *nach zwei Monaten*

3. **après avoir lu le livre, je ...** *nachdem ich das Buch gelesen hatte, ...*

4. **après qu'il est parti** *nachdem er gegangen ist;* siehe auch AVANT

der Artikel

◆ **le, la, l', les** *(der bestimmte Artikel)*
Im Unterschied zum Deutschen gibt es im Französischen nur zwei Artikel, die in folgenden Formen auftreten:

SINGULAR	*PLURAL*
le+männliches Substantiv	**les**
la+weibliches Substantiv	

ARTIKEL

Merke: Vor Vokalen und stummem h werden **le** und **la** zu **l'**

SINGULAR *PLURAL*

MÄNNLICH

le chapeau	*Hut*	**les** chapeaux
le professeur	*Lehrer*	**les** professeurs
le bureau	*Schreibtisch*	**les** bureaux
l'animal	*Tier*	**les** animaux
l'homme	*Mann/Mensch*	**les** hommes

WEIBLICH

la table	*Tisch*	**les** tables
la voiture	*Auto*	**les** voitures
la robe	*Kleid*	**les** robes
l'orange	*Orange*	**les** oranges
l'huître	*Auster*	**les** huîtres

Besonderheiten:
 1. a) in Verbindung mit **à**: à+le>**au**
  à+les>**aux**
  il va **au** marché *er geht auf den Markt*
  elle parle **aux** garçons/**aux** filles *sie spricht mit den Jungen/Mädchen*
  'la' und 'l'' bleiben dagegen unverändert:
  elle attend **à la** mairie *sie wartet am Rathaus*
  il est **à l'**aéroport *er ist am Flughafen*
  b) in Verbindung mit **de**: de+le>**du**
  de+les>**des**
  il rentre **du** bureau *er kommt aus dem Büro*
  le prix **des** gants/**des** robes *der Preis der Handschuhe/Kleider*
  'la' und 'l'' bleiben wieder unverändert:
  au fond **de la** salle *am Ende des Raumes*
  vers la fin **de l'**année *gegen Ende des Jahres*
 2. Abweichend vom Deutschen steht der bestimmte Artikel im Französischen in folgenden Fällen:
  a) bei Verallgemeinerungen:
   il n'aime pas **les** chats *er mag keine Katzen*
   le vin me rend malade *Wein bekommt mir nicht*

le mardi nous allons à la piscine *dienstags gehen wir immer schwimmen*
b) bei Erdteilen, Ländern und großen Inseln:
l'Afrique, le Canada, la France, l'Italie, la Corse

Merke: Bei Ländern weiblichen Geschlechts entfällt der bestimmte Artikel nach 'en' und 'de':
> il va **en** Italie
> il revient **d'**Espagne

Bei Ländern, die männlichen Geschlechts sind oder im Plural stehen, verschmilzt dagegen der Artikel mit 'à' und 'de':
> il va **au** Canada *er fährt nach Kanada*
> il revient **des** Etats-Unis *er kommt aus den USA*

c) bei abstrakten Begriffen und Stoffen:
la violence me dégoûte *Gewalt finde ich abstoßend*
la patience est une vertu *Geduld ist eine Tugend*
l'or est précieux *Gold ist wertvoll*

d) bei Körperteilen:
elle a **les** yeux bleus *sie hat blaue Augen*
il a **les** cheveux courts *er hat kurzes Haar*

e) bei Titeln und Personennamen:
le Général de Gaulle est mort en 1970 *General de Gaulle ist 1970 gestorben*
le professeur Terrell n'est pas là *Professor Terrell ist nicht da*

◆ **un, une** (*der unbestimmte Artikel*)
Im Französischen gibt es wiederum nur zwei Formen für den unbestimmten Artikel: eine männliche (**un**) und eine weibliche (**une**)
Beispiele:

MÄNNLICH	WEIBLICH
un parapluie	**une** lettre
un autobus	**une** échelle
un hôpital	**une** horloge

Merke: je n'ai pas **de** vélo/**d'**échelle
ich habe kein *Fahrrad*/*keine Leiter*
siehe auch VERNEINUNG

◆ **du, de la, de l'; des** (*der Teilungsartikel*);
er bezeichnet eine unbestimmte Menge (im
Deutschen oft mit 'etwas' zu übersetzen):

avez-vous **du** beurre? *haben Sie Butter?*
prenez **de la** glace *nehmen Sie sich (etwas) Eis*
il me faut **de l'**eau *ich brauche (etwas) Wasser*
est-ce qu'il y a **des** pommes? *gibt es Äpfel?*
pendant **des** mois/**des** heures
monatelang/*stundenlang*

Es gibt also folgende Formen:
du	+ männliches Bezugswort im Singular
de la	+ weibliches Bezugswort im Singular
de l'	+ männliches/weibliches Bezugswort, das mit einem Vokal oder stummem h beginnt
des	+ Bezugswort im Plural

Merke:
1. Im Gegensatz zum Deutschen steht im Französischen auch bei der unbestimmten Mengenangabe stets 'du', 'de la' etc:
elle a acheté **du** lait et **des** œufs
sie hat Milch und Eier gekauft
2. Für den weiteren Gebrauch von 'du', 'de la' etc. siehe DE
3. In der Verneinung werden alle Formen zu **de** (**d'** vor Vokalen oder stummem h):

il y a	**du** sucre	il n'y a pas/	**de** sucre
	de la glace	plus *etc.*	**de** glace
il a	**de l'**argent	il n'a pas/	**d'**argent
	des amis	plus *etc.*	**d'**amis

Merke: Nach **ne ... que** *(nur)* wird der bestimmte Artikel beibehalten:
elle ne boit que **de l'**eau *sie trinkt nur Wasser*

AUSSI 15

4. 'des' wird zu 'de', wenn dem Substantiv ein Adjektiv vorangeht:
j'ai vu **de** belles maisons
ich habe (einige) schöne Häuser gesehen
5. Nach bestimmten Redewendungen steht nur **de (d')**:
il a besoin **d'**eau *er braucht Wasser*
elle a besoin **de** conseils *sie braucht Rat*
il y a trop **de** neige *es liegt zu viel Schnee*

assez 1. assez de: avez-vous assez **de** temps/d'assiettes? *haben Sie genügend Zeit/Teller?*
2. *(genug)* tu as assez parlé *du hast genug geredet*; je ne suis pas assez fort *ich bin nicht stark genug*
3. *(ziemlich, recht)* c'est assez difficile *das ist ziemlich schwierig*; elle est **assez** jolie *sie ist recht hübsch*
4. j'en ai assez *ich habe genug (davon)/ich habe die Nase voll*

au siehe À

aucun, aucune Adjektiv oder Pronomen; keine Pluralform!
1. aucun livre ne me plaisait *keines der Bücher gefiel mir*; aucune boulangerie n'était ouverte *nicht eine Bäckerei hatte geöffnet*
2. je n'en ai vu aucune qui me plaisait *ich sah nicht eine, die mir gefiel*; il n'y en avait aucune qui allait *keine/nicht eine paßte*
3. aucun des deux ne parlait *keiner von beiden sprach*; aucun d'entre eux n'a répondu *keiner (von ihnen) antwortete*

auquel siehe SATZFORMEN

aussi 1. *(Vergleich)* aussi grand que *so groß wie*; aussi peu que possible *so wenig wie möglich/möglichst wenig*
2. *(auch, ebenfalls)* prenez aussi ce livre

nehmen Sie dieses Buch auch mit; **elle veut aller au cinéma, moi aussi** *sie möchte ins Kino gehen; ich auch*

Aussprache
Zur Erklärung der französischen Aussprache wird das Internationale Phonetische Alphabet verwendet. Im folgenden sind nur diejenigen Zeichen angegeben, die von der deutschen Aussprache abweichen.

Zeichen   wie etwa in:

[ɑ]	fade	[ɑ̃]	nasaliertes ɑ
[a]	hatte	[ɔ̃]	nasaliertes ɔ
[e]	Weh	[œ̃]	nasaliertes œ
[ɛ]	Messe	[j]	ja
[i]	Bier	[v]	*w*as
[ɔ]	Gott	[w]	Et*ui*
[o]	wo	[ɥ]	Et*ui*
[u]	tun	[ʃ]	sch
[y]	süß	[ʒ]	Genie
[ə]	bitte	[ɲ]	Champa*gn*er
[ø]	Höhle	[ŋ]	Smoki*ng*
[œ]	Friseur	[s]	Kuß
[ɛ̃]	nasaliertes ɛ	[z]	Hose

Das Zeichen ['], das vor einigen Wörtern steht, die mit einem 'h' beginnen, deutet an, daß in diesen Fällen *le/la, je, me, te* etc. nicht zu *l', j', m'* etc. zusammengezogen werden. Dieses 'h' heißt *'h aspiré'*:
haie ['ɛ]: la haie; haïr ['aiʀ]: je hais
das *'stumme h'* wird dagegen nicht notiert:
hélicoptère [elikɔptɛʀ]: l'hélicoptère
habiter [abite]: j'habite

Besonderheiten der Aussprache
1. i) Das 'e' am Ende eines Wortes bleibt gewöhnlich stumm:
amie [ami]   blessée [blese]   père [pɛʀ]
déçue [desy]   triste [tʀist]   quelle [kɛl]
ii) Wird ein 'e' – die häufigste weibliche Endung – an die Nasallaute *'ain'*, *'in'*, *'ein'* etc. ange-

hängt, ändert sich die Aussprache, und das 'n' wird gesprochen. Dies ist auch der Fall bei den Nasallauten 'on', 'an', 'en', deren weibliche Form zusätzlich ein Doppel-'n' bildet:

MÄNNLICH	WEIBLICH
cousin [kuzɛ̃]	cousine [kuzin]
vain [vɛ̃]	vaine [vɛn]
plein [plɛ̃]	pleine [plɛn]
plan [plɑ̃]	plane [plan]
un [œ̃]	une [yn]
bon [bɔ̃]	bonne [bɔn]
italien [italjɛ̃]	italienne [italjɛn]
paysan [peizɑ̃]	paysanne [peizan]

2. i) 'd', 's', 't' oder 'x' am Wortende werden in der Regel nicht gesprochen:

retard [ʀətaʀ]   nid [ni]
bois [bwa]   ses [se]
lit [li]   mets [mɛ]
aux [o]   seaux [so]

a) Wird jedoch die weibliche Endung 'e' angehängt, werden 'd', 's' und 't' gesprochen:

MÄNNLICH	WEIBLICH
grand [gʀɑ̃]	grande [gʀɑ̃d]
gris [gʀi]	grise [gʀiz]
petit [pəti]	petite [pətit]

Durch Anhängen der Pluralendungen 's' und 'x' ändert sich an der Aussprache nichts:

SINGULAR	PLURAL
train [tʀɛ̃]	trains [tʀɛ̃]
ville [vil]	villes [vil]
beau [bo]	beaux [bo]
feu [fø]	feux [fø]

ii) 's' und 'x' am Wortende werden gesprochen, wenn das darauffolgende Wort mit einem Vokal oder stummem 'h' beginnt. Man bezeichnet diesen Vorgang als Bindung ('liaison'):

de bons articles [də bɔ̃z aʀtiklə]
de beaux hommes [də boz ɔm]
les Etats-Unis [lez etaz yni]

◆ *Das französische Alphabet*

a [a]	j [ʒi]	s [ɛs]
b [be]	k [ka]	t [te]
c [se]	l [ɛl]	u [y]
d [de]	m [ɛm]	v [ve]
e [ə]	n [ɛn]	w [dublǝve]
f [ɛf]	o [o]	x [iks]
g [ʒe]	p [pe]	y [igRɛk]
h [aʃ]	q [ky]	z [zɛd]
i [i]	r [ɛR]	

autant 1. **autant de:** il n'avait jamais vu **autant de** neige *er hatte noch nie so viel Schnee gesehen;* je n'attendais pas **autant de** monde *ich hatte nicht mit so vielen Leuten gerechnet*
2. *(Vergleich)* **autant ... que:** je n'ai pas **autant** de livres **que** toi *ich habe nicht so viele Bücher wie du;* il gagne **autant** d'argent **que** moi *er verdient genauso viel wie ich;* **restez autant que** vous voulez/voudrez *bleiben Sie, solange Sie wollen;* il travaille toujours **autant** *er arbeitet noch immer so viel*

auxquels, auxquelles siehe SATZFORMEN

avant 1. *(räumlich)* **avant** les feux rouges *vor der Ampel*
2. *(zeitlich)* a) **avant** Noël *vor Weihnachten;* **avant** d'avoir lu ce livre, je ... *bevor ich dieses Buch gelesen hatte, ...*
Merke: **avant longtemps** = *bald, in Kürze*
b) **avant que: avant qu'**il ait eu le temps de finir *bevor er damit fertig war;* **avant qu'**il parte *bevor er abreist/vor seiner Abreise*
Merke: **avant que** steht mit dem SUBJONCTIF!
Vergleiche APRÈS

avoir als Hilfsverb siehe KONJUGATION DER VERBEN; zur Konjugation siehe UNREGELMÄSSIGE VERBEN
1. *(in Redewendungen, die eine geistige oder*

sinnliche Wahrnehmung ausdrücken) **avoir faim/soif** *Hunger/Durst haben;* **avoir peur** *sich fürchten*

2. *(zur Maßangabe)* **avoir 2 mètres de long/haut** *2 m breit/hoch sein*

3. *(zur Altersangabe)* **il a deux ans** *er ist zwei (Jahre alt);* **quel âge a-t-il?** *wie alt ist er?*

4. **avoir besoin de: j'ai besoin de ce livre** *ich brauche dieses Buch;* **il n'en aura pas besoin** *er wird es nicht brauchen*

beaucoup 1. **il travaille beaucoup** *er arbeitet viel;* **il ne mange pas beaucoup** *er ißt nicht viel;* **nous ne le voyons pas beaucoup** *wir sehen ihn nicht oft;* **merci beaucoup** *vielen Dank;* **je regrette beaucoup** *es tut mir sehr leid*

2. **beaucoup de ...: il mange beaucoup de viande** *er ißt viel Fleisch;* **il a beaucoup d'amis** *er hat viele Freunde;* **il n'y a pas beaucoup de gens qui le connaissent** *nur wenige Leute kennen ihn;* **des bons restaurants, il y en a beaucoup** *gute Restaurants gibt es viele;* **il en a beaucoup** *er hat eine Menge davon*

3. **c'est beaucoup trop cher** *das ist viel zu teuer;* **c'est beaucoup plus loin** *das ist viel weiter;* **ce n'est pas beaucoup moins cher** *das ist nicht viel billiger*

Bedingungssatz siehe KONDITIONAL

Befehlsform siehe IMPERATIV

besitzanzeigendes Fürwort siehe POSSESSIVPRONOMEN

bestimmter Artikel siehe ARTIKEL

bezügliches Fürwort siehe RELATIVPRONOMEN

bien 1. *(gut)* **nous avons bien travaillé** *wir sind gut vorangekommen;* **as-tu bien dormi?** *hast du gut geschlafen?*

2. *(verstärkend)* **tu es bien pâle** *du bist richtig blaß;* **vos oeufs sont-ils bien frais?** *sind Ihre Eier auch wirklich frisch?* **c'est bien meilleur** *das ist wesentlich besser*

3. vouloir bien: je veux bien partir maintenant *von mir aus können wir jetzt gehen;* **il a bien essayé, mais ...** *er hat sich wirklich bemüht, aber .../er hat es zwar versucht, aber ...*

4. bien que ...: bien qu'il soit fatigué *obwohl er müde ist*
Merke: Nach 'bien que' steht der SUBJONCTIF

5. bien de, bien des: bien des gens *viele Menschen;* **il s'est donné bien de la peine** *er hat sich viel Mühe gegeben*

Bindewörter siehe KONJUNKTIONEN

ça 1. *(dies, das)* **vous me donnez ça, s'il vous plaît?** *können Sie mir das bitte geben?*

2. *(es, das)* **ça va?** *wie geht's?/alles klar?/alles in Ordnung?;* **ça m'étonne qu'il ne soit pas encore là** *es wundert mich, daß er noch nicht da ist;* **est-ce que ça vous dérange si je fume?** *stört es Sie, wenn ich rauche?;* **ça te va bien** *das steht dir gut*

3. oui, c'est ça *ja, genau;* **ça y est!** *ich hab's!/na endlich!;* siehe auch Y

ce, cette, cet; ces 1. siehe DEMONSTRATIV-PRONOMEN

2. cette nuit, j'ai bien dormi *heute nacht habe ich gut geschlafen;* **ce soir, on va se coucher tôt** *heute abend gehen wir (aber) früh schlafen!*

3. ce qui, ce que *(was):* **ce qui m'étonne, c'est qu'il ne soit pas parti** *mich wundert, daß er noch nicht fort ist;* **il a décidé de partir, ce qui nous arrange** *er hat sich entschlossen zu gehen, was uns ganz recht ist;* **il m'a demandé ce que je faisais** *er fragte mich, was ich tue;* **montre-moi ce qu'il t'a donné** *zeig mir, was er dir gegeben hat*
siehe auch C'EST, QUE, FRAGESÄTZE, SATZFORMEN

cela In den meisten Fällen hat es dieselbe Bedeutung wie ÇA, das in der gesprochenen Sprache üblicher ist

c'est 1. *(das ist)* **c'est cher** *das ist teuer;* **c'est dommage** *das ist schade*
2. *(er, sie, es ist)* **qui c'est?** *wer ist da? (an der Tür oder am Telefon)/wer ist das? (auf jemanden deutend);* **c'est la sœur de Gabrielle/le facteur** *(hier ist) die Schwester von Gabrielle/die Post;* **c'est moi!** *ich bin's!;* **c'est un journaliste** *das ist ein/er ist Journalist;* **c'est une actrice** *das ist eine/sie ist Schauspielerin;* **ce sont mes amis** *das sind meine Freunde*
3. **qu'est-ce que c'est? – c'est un ordinateur** *was ist das? – das ist ein Computer;* **ce sont des appareils très coûteux** *das sind sehr teure Geräte*

chacun, chacune *(Pronomen: jeder, jede, jedes)* **ils ont 10 francs chacun** *sie haben beide/jeder von ihnen hat 10 Francs;* **chacune d'elles doit décider** *sie müssen beide/jede von ihnen muß entscheiden;* **si chacun est d'accord** *wenn jeder einverstanden ist*

chaque 1. *(Adjektiv: jeder, jede, jedes)* **chaque page de ce livre** *jede Seite dieses Buches;* **chaque jour** *jeden Tag/täglich*
2. **ils coûtent 10 francs chaque** *sie kosten jeweils 10 Francs/sie kosten 10 Francs pro Stück*

combien 1. **combien de: combien de livres/d'argent as-tu?** *wieviele Bücher/wieviel Geld hast du?;* **combien de semaines y a-t-il jusqu'à Noël?** *wieviele Wochen sind es noch bis Weihnachten?*
Merke: **combien de temps** = *wie lange;* **combien de temps resterez-vous?** *wie lange bleiben Sie?*
2. *(Preise, Maße etc.)* **combien coûte ce disque?** *wieviel/was kostet diese Platte?;*

22 COMME

combien mesurez-vous? *wie groß sind Sie?;* **ça vaut combien?** *wieviel/was kostet das?*

comme 1. *(Vergleich: wie)* **donnez-m'en un comme celui-ci** *geben Sie mir so einen;* **il fait comme tout le monde** *er macht es wie alle;* **j'aimerais être comme ma sœur** *ich wäre gern wie meine Schwester*
   2. *(zeitlich: als)* **il est arrivé comme je partais** *als ich ging, kam er gerade*
   3. *(kausal: weil, da)* **comme il fait froid, je vais prendre le bus** *da es kalt ist, werde ich mit dem Bus fahren*

dans 1. *(in+Dativobjekt)* **il est assis dans le jardin** *er sitzt im Garten*
   2. *(in+Akkusativobjekt)* **je l'ai mis dans le tiroir** *ich habe es in die Schublade gelegt*
   3. *(aus)* **je l'ai pris dans le tiroir du haut** *ich habe es aus der obersten Schublade genommen*
   4. *(zeitlich: in)* **dans deux mois, ils partent en vacances** *in zwei Monaten fahren sie in Urlaub*

Datum siehe ZEIT

de (in Verbindung mit 'le': wird zu **du**, mit 'les' zu **des**)
   1. *(Zugehörigkeit, Besitz)* **le toit de la maison** *das Dach des Hauses;* **à la fin du livre** *am Ende des Buches;* **la voiture de mes parents** *das Auto meiner Eltern;* **les jouets des enfants** *das Spielzeug der Kinder*
   2. *(Beschaffenheit, Größe, Alter etc.)* **une poignée d'ivoire** *ein Griff aus Elfenbein;* **un mur de pierre** *eine Steinmauer;* **une veste de laine** *eine wollene Jacke;* **un appartement de 130 m²** *eine Wohnung von 130 m²;* **un séjour d'une semaine** *ein Aufenthalt von einer Woche;* **un enfant de 10 ans** *ein Kind von 10 Jahren*
   3. **des années de travail** *jahrelange Arbeit;* **une foule de gens** *eine Menge Menschen/eine Menschenmenge*

DEMONSTRATIVPRONOMEN

4. *(von, aus)* il vient de Paris *er kommt aus Paris*

5. *(Teilungsartikel: etwas)* siehe ARTIKEL; siehe auch PRÄPOSITIONEN, VERBALKONSTRUKTIONEN

Demonstrativpronomen weisen auf Personen und Sachen hin. Sie können adjektivisch *(dieser Hund)* und substantivisch *(dieser/jener/der(jenige) etc.)* gebraucht werden. Im Französischen unterscheiden sich die beiden Formen voneinander:

◆ **ce, cette, cet; ces** – dieser etc/jener etc. Die vier Formen des adjektivisch gebrauchten Demonstrativpronomens finden folgende Anwendung:

SINGULAR	PLURAL
ce+männliches Bezugswort
cette+weibliches Bezugswort	**ces**
cet+männliches Bezugswort, das mit einem Vokal oder stummem h beginnt

Beispiele:

	SINGULAR	PLURAL
MÄNNLICH	**ce** quartier	**ces** rideaux
	cet objet	**ces** étrangers
	cet hiver	**ces** hôtels
WEIBLICH	**cette** façon	**ces** fenêtres
	cette année	**ces** excuses
	cette habitude	**ces** haies

ce...-ci/-là

Die an das Substantiv angehängte Endung **-ci** oder **-là** dient im Französischen zur Verstärkung und läßt sich im Deutschen oft mit '... hier' bzw. '... da' wiedergeben:

ce quartier**-ci**	*dieses Viertel (hier)*
ce quartier**-là**	*dieses/das Viertel da*
cette femme**-ci**	*die(se) Frau (hier)*
cette femme**-là**	*die(se) Frau da*
ces fenêtres**-ci**	*die(se) Fenster (hier)*
ces fenêtres**-là**	*die(se) Fenster da*

DEMONSTRATIVPRONOMEN

◆ **celui, celle; ceux, celles**

quel livre a-t-il choisi? – celui qui coûte 10 francs *für welches Buch hat er sich entschieden? – für das zu 10 Francs*

avez-vous vu mes photos: celles que j'ai prises en Espagne? *habt ihr schon meine Fotos gesehen – diejenigen, die ich in Spanien aufgenommen habe?*

quelle jupe préfères-tu: celle de Suzanne ou la mienne? *welcher Rock gefällt dir besser: der(jenige) von Suzanne oder meiner?*

ses yeux sont moins clairs que ceux de son frère *ihre Augen sind dunkler als die(jenigen) ihres Bruders*

Das substantivisch gebrauchte Demonstrativpronomen richtet sich in Geschlecht und Zahl nach dem Substantiv, an dessen Stelle es tritt:

celui	steht für ein männliches Substantiv im Singular
celle	steht für ein weibliches Substantiv im Singular
ceux	steht für ein männliches Substantiv im Plural
celles	steht für ein weibliches Substantiv im Plural

Merke:
celui, celle etc. stehen fast immer in Verbindung mit 'qui', 'que' oder 'de':

a) **celui qui a le plus d'argent doit payer**
   derjenige, der/wer am meisten Geld hat, muß zahlen
   prends ceux que tu as achetés
   nimm doch die(jenigen), die du gekauft hast
b) **la beauté de la campagne et celle de la ville** *die Schönheit der Landschaft und die der Stadt*

◆ **celui-ci/-là, celle-ci/-là; ceux-ci/-là, celles-ci/-là**

Wie bei der adjektivischen Form dient die

Endung **-ci** oder **-là** auch bei den substantivisch gebrauchten Demonstrativpronomen zur Verstärkung bzw. Unterscheidung:
lequel voulez-vous: celui-ci ou celui-là?
welchen möchten Sie: diesen oder jenen/den da?

des 1. = 'de' + 'les', siehe DE
2. *(etwas)* siehe ARTIKEL

desquels, desquelles siehe SATZFORMEN

devoir zur Konjugation siehe UNREGELMÄSSIGE VERBEN

1. *(Verpflichtung)* **devoir faire quelque chose** *etwas tun müssen;* **il a dû tout refaire** *er mußte alles noch einmal machen;* **je dois aller chercher mes billets** *ich muß meine Fahrkarten abholen;* **il devrait se dépêcher** *er sollte sich beeilen;* **il aurait dû me le dire** *er hätte mir das sagen sollen*

2. *(Wahrscheinlichkeit, Vermutung)* **il doit rentrer ce soir** *er muß (eigentlich) heute abend zurückkommen;* **il devrait être chez lui** *er müßte (eigentlich) zu Hause sein;* **il a dû se tromper de route** *er hat sich wohl verfahren/muß sich wohl verfahren haben*

3. *(Schuld)* **il me doit 10 francs** *er schuldet mir 10 Francs*

dont 1. **on voit le toit de sa maison>il habite la maison dont on voit le toit** *man kann das Dach seines Hauses sehen>er lebt in dem Haus, dessen Dach man sehen kann*
les fenêtres de la chambre donnent sur la rue>la chambre dont les fenêtres donnent sur la rue *die Fenster des Zimmers gehen zur Straße>das Zimmer, dessen Fenster zur Straße gehen*
les clients dont nous connaissons l'adresse *die Kunden, deren Adresse wir kennen*
les gens dont l'adresse est en France *Personen, die ihren Wohnsitz in Frankreich haben*

2. il est fier de son fils>ce fils dont il est si fier *er ist stolz auf seinen Sohn>sein Sohn, auf den er so stolz ist*

il est responsable du service du personnel>le service dont il est responsable *er ist für die Personalabteilung zuständig>die Abteilung, für die er zuständig ist*

c'est tout ce dont je me souviens *das ist alles, an das ich mich erinnern kann*

le pays dont il parle *das Land, von dem er spricht*

3. *(darunter)* **il y avait plusieurs livres, dont un gros dictionnaire** *es gab mehrere Bücher, darunter (auch) ein großes Wörterbuch;* **il y avait quelques étrangers, dont deux Français** *es waren mehrere Ausländer da, darunter auch zwei Franzosen*

du 1. = 'de' + 'le', siehe DE
2. *(etwas)* siehe ARTIKEL

duquel siehe SATZFORMEN

Eigenschaftswort siehe ADJEKTIVE

elle, elles siehe PERSONALPRONOMEN

en 1. *(Ort: in)* **il habite en France** *er lebt in Frankreich;* **il passe ses vacances en Suisse** *er verbringt seine Ferien in der Schweiz*
Merke: 'en' steht nicht bei Ländern oder Regionen männlichen Geschlechts: **il habite au Brésil** *er lebt in Brasilien*

2. *(Bewegung: nach)* **il va en Angleterre** *er fährt nach England*
Merke: 'en' steht nicht bei Ländern oder Regionen männlichen Geschlechts: **il va au Mexique** *er fährt nach Mexiko*

3. *(Zeit: in)* **en avril** *im April;* **en deux heures** *in (=innerhalb) zwei Stunden;* vergleiche DANS

4. *(Transportmittel)* **en voiture/train** *im/mit dem Auto/mit der Bahn*

5. *(Beschaffenheit: aus)* **un mur en pierre** *eine Steinmauer/eine Mauer aus Stein(en);* **un plat en verre** *ein Glasteller/ein Teller aus Glas*

6. *(Form oder Zustand)* **en cercle** *im Kreis/kreisförmig;* **en forme de pyramide** *in Form einer Pyramide*

7. *(bei ...)* **en travaillant** *bei der Arbeit;* **il est parti en chantant** *singend zog er davon;* **en rentrant, je ...** *als ich nach Hause kam, .../bei meiner Rückkehr ...*

8. *(als Pronomen: davon, welche etc.)*
j'ai deux livres>j'en ai deux
ich habe zwei Bücher>ich habe zwei (davon)
il y a trois chaises>il y en a trois
es sind drei Stühle da>es sind drei (davon) da
je n'ai pas d'argent/de billets>je n'en ai pas
ich habe kein Geld/keine Karten>ich habe keines/keine
je leur ai donné deux billets>je leur en ai donné deux *ich habe ihnen zwei Karten gegeben>ich habe ihnen zwei gegeben*
as-tu acheté des fruits/bananes?>en as-tu acheté? *hast du Obst/Bananen gekauft?>hast du welches/welche gekauft?*
je voudrais une pomme – tu en veux une?
ich möchte einen Apfel – willst du auch einen?
combien y a-t-il de chambres?>combien y en a-t-il?
wieviele Schlafzimmer gibt es?>wieviele gibt es?

9. *(ersetzt eine Konstruktion mit 'de')*
il est fier de son père>il en est fier
er ist stolz auf seinen Vater>er ist stolz auf ihn
il est responsable du service des réservations>il en est responsable
er ist für die Buchungen zuständig>er ist dafür zuständig
j'ai besoin de ce livre>j'en ai besoin
ich brauche dieses Buch>ich brauche es;
vergleiche Y

10. *(ersetzt ein Substantiv mit 'de': von da/dort, daher)*
il vient de l'école>il en vient
er kommt aus der Schule>er kommt daher
il sortait de chez le coiffeur>il en sortait
er kam aus dem Frisiersalon>er kam heraus; vergleiche Y

encore 1. *(noch)* **il dort encore** *er schläft noch;* **il fait encore du ski** *er läuft noch (immer) Ski*
2. *(wieder, noch)* **il a encore oublié son dictionnaire** *er hat (schon) wieder sein Wörterbuch vergessen;* **j'aimerais encore une bière** *ich hätte gern noch ein Bier;* **voulez-vous encore de la viande?** *möchten Sie noch etwas Fleisch?;* **j'aimerais le faire encore une fois** *ich möchte es noch einmal tun*
3. pas encore: il n'est pas encore rentré *er ist noch nicht zurück;* **il ne lui a pas encore téléphoné** *er hat ihn noch nicht angerufen*
4. *(verstärkend)* **c'est encore moins cher** *das ist (sogar) noch billiger;* **ils vont encore plus vite** *sie fahren (sogar) noch schneller*

est-ce que siehe FRAGESÄTZE

être als Hilfsverb siehe KONJUGATION DER VERBEN; zur Konjugation siehe UNREGELMÄSSIGE VERBEN

eux siehe PERSONALPRONOMEN

faire zur Konjugation siehe UNREGELMÄSSIGE VERBEN
1. *(Sport treiben)* **il fait du ski** *er fährt Ski;* **dimanche il est allé faire de la voile** *am Sonntag ist er segeln gegangen*
2. qu'est-ce que vous faites? *was machen Sie?*
3. *(kosten, betragen)* **ça fait 10 francs** *das macht/kostet 10 Francs;* **ça fait 10 kilomètres** *das sind 10 Kilometer*
4. *(Wetter)* **il fait froid/chaud** *es ist kalt/warm*

5. *(Zeitangabe)* **ça fait trois semaines que je l'attends** *seit drei Wochen warte ich schon darauf;* **ça fait trois ans qu'il s'est marié** *es ist drei Jahre her, daß er geheiratet hat;* **ça fait combien d'années que nous ne nous sommes pas vues?** *wie lange ist es her, seit wir uns zuletzt gesehen haben?*
siehe auch IL Y A

6. ne faire que ...: il ne fait que se plaindre *er beschwert sich von früh bis spät/ständig;* **il n'a fait que son devoir** *er hat nur/nichts als seine Pflicht getan*

7. *(in Verbindung mit einem anderen Verb:* veranlassen, verursachen*)* **faire réparer quelque chose** *etwas reparieren lassen;* **faire travailler ses employés** *seine Angestellten arbeiten lassen;* **elle s'est fait couper les cheveux** *sie hat sich die Haare schneiden lassen*

8. ne t'en fais pas! *mach dir nichts draus!*

falloir wird nur unpersönlich gebraucht; zur Konjugation siehe UNREGELMÄSSIGE VERBEN

1. *(benötigen, brauchen)* **il faut trois heures pour aller à ...** *man braucht drei Stunden bis ...;* **il me faut plus de temps** *ich brauche mehr Zeit*

2. *(müssen)* **il a fallu partir** *wir mußten abreisen;* **il faudra penser à écrire** *ich darf (wir dürfen etc.) nicht vergessen zu schreiben;* **il faut dire que ...** *man muß schon sagen, daß ...;* **il ne faut pas y toucher** *man darf es nicht berühren*

3. il faut que ...: il faut que son père lui écrive *sein Vater muß ihm schreiben;* **il ne faut pas que tu viennes** *du brauchst nicht zu kommen*
Merke: Nach 'il faut que' steht der SUBJONCTIF

Fragesätze

◆ *OHNE FRAGEFÜRWORT*
A. Die Inversionsfrage (Umstellung)
1. Ist das Subjekt des Satzes ein PERSONAL-PRONOMEN, ON (man, wir) oder CE (das, es), dann

FRAGESÄTZE

gilt folgende Wortstellung:
Verb+Subjekt (mit Bindestrich angehängt)

z.B.: **venez-vous?** *kommen Sie?*
sont-ils arrivés? *sind sie angekommen?*
est-ce vrai? *ist das wahr?*
vous **souvenez-vous?** *erinnert ihr euch?*
doit-on s'inscrire? *muß man sich eintragen?*

Endet das Verb mit einem Vokal, wird ein 't' zwischen Verb und Subjekt eingefügt:

z.B: **pleure-t-elle** *weint sie?*
les **aime-t-il?** *mag er sie?*

2. Ist das Subjekt ein Substantiv oder ein PRONOMEN (mit Ausnahme der Personalpronomen, s.o.!), dann gilt folgende Wortstellung:
Subjekt+Verb+Personalpronomen (durch Bindestrich an das Verb angehängt)

z.B.: ceux-là **sont-ils** frais? *sind die frisch?*
le train **est-il** parti? *ist der Zug abgefahren?*
votre mère **travaille-t-elle** toujours? *arbeitet Ihre Mutter immer noch?*

B. Die Frage mit est-ce que ...?
Diese Form der Fragestellung ist vor allem in der gesprochenen Sprache üblich.
Wortstellung: est-ce que+Subjekt+Verb
est-ce que vous venez? *kommen Sie?*
est-ce que le train est parti? *ist der Zug abgefahren?*
est-ce qu'ils sont venus? *sind sie gekommen?*
est-ce que vous vous êtes bien amusés? *habt ihr euch gut amüsiert?*

C. Die Frage durch Intonation (Satzmelodie)
Im gesprochenen Französisch läßt sich eine Frage auch allein durch die Satzmelodie ausdrücken, und zwar, indem man wie im Deutschen die Stimme am Satzende hebt:

z.B.: vous ven**ez**? *ihr kommt?*

FRAGESÄTZE 31

◆ *MIT FRAGEFÜRWORT*
où: où allez-vous? *wohin gehen Sie?*
est-ce que vous allez?
où se trouve le cinéma? *wo ist das Kino?*

quand: quand arrive-t-elle? *wann kommt sie*
est-ce qu'elle arrive? *an?*

pourquoi: pourquoi riez-vous? *warum lacht*
est-ce que vous riez? *ihr?*

comment: comment le savait-il? *wie hat er es erfahren?*

combien: combien ça coûte? *wieviel kostet das?*
combien y en a-t-il? *wieviele gibt es?*

combien de: combien de temps avez-vous?
wieviel Zeit haben Sie?
combien d'argent avez-vous?
wieviel Geld haben Sie?
combien de voitures y a-t-il?
wieviele Autos sind da?

... n'est-ce pas?
il mentait, n'est-ce pas?
er hat doch gelogen, oder?
tu reviendras, n'est-ce pas?
du kommst doch wieder, oder nicht?

◆ **qui (est-ce qui/que)** *wer?*
qui est là?
qui est-ce qui est là? } *wer ist da?*
qui avez-vous rencontré? *wen habt ihr*
qui est-ce que vous avez } *getroffen?*
rencontré?

◆ *MIT PRÄPOSITIONEN*:
à qui avez-vous donné la lettre?
wem habt ihr den Brief gegeben?
à qui est ce stylo *wem gehört dieser Stift?*
de qui parlais-tu? *von wem hast du gesprochen?*
de qui est-il l'ami? *wessen Freund ist er?*
avec qui joue-t-elle? *mit wem spielt sie?*

32 FRAGESÄTZE

◆ **qu'est-ce qui, qu'est-ce que, que** *was?*
qu'est-ce qui se passe?   *was ist los?*
que* faites-vous?
qu'est-ce que* vous faites? } *was machen Sie?*

***que** wird zu **qu'** vor einem Vokal:
qu'a-t-il dit?
qu'est-ce qu'il a dit? } *was hat er gesagt?*

◆ **quoi** (in Verbindung mit einer Präposition)
à quoi penses-tu?   *woran denkst du?*
avec quoi joue-t-elle?   *womit spielt sie?*

◆ **quel, quelle, quels, quelles** *welcher, welche, welches* etc.
Das adjektivisch gebrauchte Interrogativpronomen richtet sich in Geschlecht und Zahl nach seinem Bezugswort:

quel jour sommes-nous? *welches Datum haben wir heute?*
quelle raison a-t-elle donnée? *welchen Grund hat sie angegeben?*
quels pays avez-vous visités? *welche Länder haben Sie bereist?*
quelles matières étudiez-vous? *welche Fächer studieren Sie?*
quel est son **nom**? *wie heißt er/sie?*

◆ **lequel, laquelle, lesquels, lesquelles**
welcher, welche etc.
Das substantivisch gebrauchte Interrogativpronomen richtet sich in Geschlecht und Zahl nach dem Substantiv, das es ersetzt:
(le livre)>**lequel** préférez-vous?
welches gefällt Ihnen besser?
(la bague)>**laquelle** portait-elle?
welchen trug sie?
(les livres)>**lesquels** lis-tu?
welche liest du?
(les photos)>**lesquelles** aimez-vous?
welche gefallen Ihnen?

Das Interrogativpronomen kann sich auch auf Personen beziehen:
lequel/laquelle d'entre vous a ouvert les fenêtres?; **lesquels/lesquelles** d'entre vous ont ouvert les fenêtres?
wer von euch hat die Fenster geöffnet?

Merke:
1. à+lequel>**auquel**
   à+lesquels>**auxquels**
   à+lesquelles>**auxquelles**
   z.B.: **auquel** des frères a-t-il envoyé la lettre? *welchem der Brüder hat er den Brief geschickt?*
   aber: à+laquelle bleiben unverändert
2. de+lequel>**duquel**
   de+lesquels>**desquels**
   de+lesquelles>**desquelles**
   z.B.: **desquels** parles-tu? *von welchen redest du?*
   aber: de+laquelle bleiben unverändert

Futur I, II siehe KONJUGATION, ZEITEN

Geschlecht
Im Unterschied zum Deutschen kennt das Französische nur zwei Geschlechter: männlich und weiblich. Das bedeutet allerdings nicht, daß alle Substantive, deren grammatisches Geschlecht männlich ist, auch männliche Bedeutung haben. In einigen Fällen trifft das zwar zu: 'l'homme' (der Mann), 'le père' (der Vater) sind männlich; 'la femme' (die Frau), 'la mère' (die Mutter) sind weiblich. Bei den meisten Substantiven hat das Geschlecht jedoch keine inhaltliche Bedeutung – etwa bei 'le livre' (das Buch) oder 'la chaise' (der Stuhl).

Andere wiederum existieren im Französischen nur in einer Form – männlich oder weiblich – während es im Deutschen sowohl eine männliche als auch eine weibliche Entsprechung dafür gibt:

le témoin	*der Zeuge/die Zeugin*
l'auteur	*der Autor/die Autorin*

Es empfiehlt sich daher, das Geschlecht des

Substantivs von Anfang an mitzulernen. Bei einigen Substantiven ändert sich nämlich sogar die Bedeutung mit dem Artikel, wie die folgenden Beispiele zeigen:

MÄNNLICH		WEIBLICH	
le livre	Buch	la livre	Pfund
le manche	Stiel	la manche	Ärmel
le mémoire	Notiz	la mémoire	Gedächtnis
le page	Page	la page	Seite
le poêle	Ofen	la poêle	Pfanne
le poste	Posten	la poste	Post
le tour	Reihe	la tour	Turm
le somme	Nickerchen	la somme	Summe
le vapeur	Dampfer	la vapeur	Dampf
le voile	Schleier	la voile	Segel

◆ *Männliche Substantive und ihre weibliche Entsprechung*

Männliche und weibliche Substantive, die sich entsprechen, können ganz verschiedene Formen haben:

'le frère' (der Bruder) – 'la sœur' (die Schwester);
'le mari' (der Ehemann) – 'la femme' (die Ehefrau)

Für gewöhnlich unterscheidet sich die weibliche Entsprechung von der männlichen Form wie im Deutschen durch ihre Endung:
'acteur/actrice' (Schauspieler/Schauspielerin);
'hôte/hôtesse' (Gastgeber/Gastgeberin);
'lion/lionne' (Löwe/Löwin)

Am häufigsten vertreten ist dabei die Endung '-e', die an die männliche Form angehängt wird, falls diese nicht bereits auf '-e' endet (siehe AUSSPRACHE):

MÄNNLICH	WEIBLICH
le cousin	la cousine
l'ami	l'amie
le camarade	la camarade

Weitere Endungen werden im folgenden aufgeführt:

MÄNNLICH		WEIBLICH
le veuf	Witwer/Witwe	la veuve
l'époux	Gatte/Gattin	l'épouse
le jumeau	Zwilling	la jumelle
l'Italien	Italiener/-in	l'Italienne
le paysan	Bauer/Bäuerin	la paysanne
le lion	Löwe/Löwin	la lionne
le berger	Schäfer/-in	la bergère
le jardinier	Gärtner/-in	la jardinière
le danseur	Tänzer/-in	la danseuse
l'acteur	Schauspieler/-in	l'actrice
l'hôte	Gastgeber/-in	l'hôtesse

Hilfsverben siehe KONJUGATION DER VERBEN

hinweisendes Fürwort siehe DEMONSTRATIVPRONOMEN

il, ils siehe PERSONALPRONOMEN

il y a 1. *(da ist/sind)* **il y a un livre/des livres sur la table** *auf dem Tisch liegt ein Buch/liegen Bücher;* **il y a trop de monde** *es sind zu viele Menschen da;* **il n'y avait personne** *es war niemand da;* **il n'y a pas de train le matin** *morgens verkehren keine Züge/gibt es keinen Zug;* **y aura-t-il beaucoup de monde?** *werden viele Leute da sein?;* **y a-t-il assez de sucre?** *ist genügend Zucker da?*

2. *(zeitlich)* **il y a deux ans que je suis parti de Marseille** *es ist zwei Jahre her, seit ich von Marseille weg bin;* **il n'y a pas longtemps que je le connais** *ich kenne ihn erst seit kurzem;* **il y a combien de temps que vous habitez à Paris?** *wie lange leben Sie schon in Paris?*

3. **il n'y a qu'à nous le dire** *du brauchst es (uns) nur zu sagen*

4. **qu'est-ce qu'il y a?** *was gibt es?/was ist los?*

Imperativ drückt eine Aufforderung an die 2. Person Singular* oder Plural sowie an die 1. Person Plural aus. Bei den regelmäßigen Verben

IMPERATIV

wird er mit den obengenannten Formen im Präsens gebildet; das Personalpronomen entfällt:

DONNER	FINIR	VENDRE
donne*	finis	vends
donnons	finissons	vendons
donnez	finissez	vendez

*bei den Verben auf '**-er**' (sowie bei einigen auf '**-ir**', z.B. 'couvrir' und 'ouvrir') fällt das '-s' in der 2. Person Singular bei der Bildung des Imperativs weg, es sei denn, EN oder Y folgen (z.B. 'vas-y'; 'plantes-en'):

donne son livre au garçon	*gib dem Jungen sein Buch*
finissons notre travail	*beenden wir unsere Arbeit*
vendez la maison	*verkaufen Sie das Haus*

Merke:
1. Beim **bejahten Imperativ** stehen die Pronomen **nach** dem Verb und werden durch Bindestrich miteinander verbunden:

donne-**le**-**lui**	*gib es ihm*
essayons-**le**	*versuchen wir es*
vendez-**la**	*verkaufen Sie sie*

2. Beim **verneinten Imperativ** stehen die Pronomen **vor** dem Verb und sind nicht verbunden:

ne **le lui** donne pas	*gib es ihm nicht*
ne l'écoutons pas	*wir sollten nicht auf ihn hören*
ne **la** vendez pas	*verkaufen Sie sie nicht*

3. Bei den REFLEXIVEN VERBEN wird die entsprechende Form des Reflexivpronomens an den Imperativ angehängt bzw. diesem vorangestellt:

assieds-**toi**	*setz dich*
levez-**vous**	*stehen Sie auf*
installons-**nous** ici	*setzen wir uns doch hierhin*
ne **t**'assieds pas	*setz dich nicht*

ne **vous** levez pas *stehen Sie nicht auf*
ne **nous** inquiétons pas *wir sollten uns keine Sorgen machen*

4. Bei den Verben 'avoir' und 'être' ist der Imperativ unregelmäßig:

AVOIR	ÊTRE
aie	sois
ayons	soyons
ayez	soyez

Beispiele: n'**ayez** pas peur *(habt) keine Angst*
sois sage *sei brav*

Imperfekt siehe KONJUGATION, ZEITEN

Infinitiv siehe VERBALKONSTRUKTIONEN

Interrogativpronomen siehe FRAGESÄTZE

Jahreszeiten siehe ZEIT

Komparativ siehe STEIGERUNG

Konditional I, II siehe KONJUGATION, ZEITEN

Konjugation der Verben

◆ *EINFACHE ZEITEN*
Die regelmäßigen französischen Verben lassen sich nach ihrer Infinitiv-Endung in drei Kategorien unterteilen: Verben auf '-**er**' (donn**er**), Verben auf '-**ir**' (fin**ir**) und Verben auf '-**re**' (vend**re**). Auf den folgenden Seiten bringen wir eine Übersicht über die Konjugation der regelmäßigen Verben (siehe auch UNREGELMÄSSIGE VERBEN), und zwar für folgende Zeiten:
1. *Präsens:* z.B. je **vends** *ich verkaufe*
2. *Imperfekt:* z.B. je **vendais** *ich verkaufte*
3. *Passé simple:* z.B. je **vendis** *ich verkaufte*
4. *Futur I:* z.B. je **vendrai** *ich werde verkaufen*
5. *Konditional I:* z.B. je **vendrais** *ich würde verkaufen*

Weitere Formen: a. *Partizip Perfekt*
b. *Partizip Präsens*
c. *Imperativ* (Befehlsform)

KONJUGATION DER VERBEN

Jede Verbform besteht aus Stamm+Endung, wobei sich die Endung nach dem jeweiligen Subjektpronomen (siehe PERSONALPRONOMEN) und der Verb-Kategorie richtet.

A. Verben auf '-er': donner *(geben)*

Zur Bildung von Präsens, Imperfekt und Passé simple wird statt der Infinitiv-Endung '-er' die entsprechende Personalendung angehängt:

	PRÄSENS	IMPERFEKT	PASSÉ SIMPLE
je	donne	donnais	donnai
tu	donnes	donnais	donnas
il/elle/on	donne	donnait	donna
nous	donn**ons**	donn**ions**	donn**âmes**
vous	donn**ez**	donn**iez**	donn**âtes**
ils/elles	donn**ent**	donn**aient**	donn**èrent**

Zur Bildung von Futur I und Konditional I wird die Endung an den Infinitiv angehängt:

	FUTUR I	KONDITIONAL I
je	donner**ai**	donner**ais**
tu	donner**as**	donner**ais**
il/elle/on	donner**a**	donner**ait**
nous	donner**ons**	donner**ions**
vous	donner**ez**	donner**iez**
ils/elles	donner**ont**	donner**aient**

Partizip Perfekt: statt '-er' wird 'é' angehängt: donn**é**

Partizip Präsens: statt '-er' wird '**ant**' angehängt: donn**ant**

Imperativ: donne
donnons
donnez

Merke: Bei einer Reihe von Verben auf '-er' ändert sich die Schreibweise in einigen Fällen. Die wichtigsten dieser Änderungen werden im folgenden erläutert.

1. '-cer': c>ç vor a und o
   z.B. lancer *(schleudern)* PARTIZIP PRÄSENS: lançant

KONJUGATION DER VERBEN

PRÄSENS	IMPERFEKT	PASSÉ SIMPLE
nous lançons	je lançais	je lançai
	tu lançais	tu lanças
	il/elle lançait	il/elle lança
	ils/elles lançaient	nous lançâmes
		vous lançâtes

2. '-ger': g>ge vor a und o
z.B. manger *(essen)* PARTIZIP PRÄSENS: mangeant

PRÄSENS	IMPERFEKT	PASSÉ SIMPLE
nous mangeons	je mangeais	je mangeai
	tu mangeais	tu mangeas
	il/elle mangeait	il/elle mangea
	ils/elles mangeaient	nous mangeâmes
		vous mangeâtes

3. a) '-eler'
   (i) l>ll vor 'e', 'es', 'ent' im Präsens, Futur I und Konditional I
   z.B. appeler *(rufen)*

PRÄSENS	FUTUR I	KONDITIONAL I
j'appelle	j'appellerai	j'appellerais
tu appelles	*etc.*	*etc.*
il/elle appelle		
ils/elles appellent		

   (ii) z.B. **peler, geler** *etc.*: siehe unter 4.

   b) '-eter'
   (i) t>tt vor 'e', 'es', 'ent' im Präsens, Futur I und Konditional I
   z.B. jeter *(werfen)*

PRÄSENS	FUTUR I	KONDITIONAL I
je jette	je jetterai	je jetterais
tu jettes	*etc.*	*etc.*
il/elle jette		
ils/elles jettent		

   (ii) z.B. **acheter**: siehe unter 4.

4. '-e+Konsonant+er': e>è vor Konsonant+'e', 'es', 'ent' im Präsens, Futur I und Konditional I
z.B. mener *(führen)*

KONJUGATION DER VERBEN

PRÄSENS   **FUTUR I**   **KONDITIONAL I**
je mène   je mènerai   je mènerais
tu mènes   *etc.*   *etc.*
il/elle mène
ils/elles mènent

5. '**-é**+Konsonant+**er**': **é>è** vor Konsonant+'e', 'es', 'ent' im Präsens
z.B. **préférer** *(vorziehen)*

PRÄSENS
je préfère
tu préfères
il/elle préfère
ils/elles préfèrent

6. '**-yer**': **y>i** vor 'e', 'es', 'ent' im Präsens, Futur I und Konditional I
z.B. **nettoyer** *(putzen)*

PRÄSENS   **FUTUR I**   **KONDITIONAL I**
je nettoie   je nettoierai   je nettoierais
tu nettoies   *etc.*   *etc.*
il/elle nettoie
ils/elles nettoient

B. Verben auf '**-ir**': **finir** *(beenden)*
Zur Bildung von Präsens, Imperfekt und Passé simple wird statt der Infinitiv-Endung '**-ir**' die entsprechende Personalendung angehängt:

	PRÄSENS	IMPERFEKT	PASSÉ SIMPLE
je	fin**is**	fin**issais**	fin**is**
tu	fin**is**	fin**issais**	fin**is**
il/elle/on	fin**it**	fin**issait**	fin**it**
nous	fin**issons**	fin**issions**	fin**îmes**
vous	fin**issez**	fin**issiez**	fin**îtes**
ils/elles	fin**issent**	fin**issaient**	fin**irent**

Zur Bildung von Futur I und Konditional I wird die Endung an den Infinitiv angehängt:

	FUTUR I	KONDITIONAL I
je	finir**ai**	finir**ais**
tu	finir**as**	finir**ais**
il/elle/on	finir**a**	finir**ait**

KONJUGATION DER VERBEN

nous	finir**ons**	finir**ions**
vous	finir**ez**	finir**iez**
ils/elles	finir**ont**	finir**aient**

Partizip Perfekt: statt '**-ir**' wird '**-i**' angehängt: fin**i**
Partizip Präsens: statt '**-ir**' wird '**-issant**' angehängt: fin**issant**
Imperativ: finis
   finissons
   finissez

C. Verben auf '-re': vendre *(verkaufen)*

Zur Bildung von Präsens, Imperfekt und Passé simple wird statt der Infinitiv-Endung '**-re**' die entsprechende Personalendung angehängt:

	PRÄSENS	IMPERFEKT	PASSÉ SIMPLE
je	vend**s**	vend**ais**	vend**is**
tu	vend**s**	vend**ais**	vend**is**
il/elle/on	vend	vend**ait**	vend**it**
nous	vend**ons**	vend**ions**	vend**îmes**
vous	vend**ez**	vend**iez**	vend**îtes**
ils/elles	vend**ent**	vend**aient**	vend**irent**

Zur Bildung von Futur I und Konditional I wird statt des Schluß-'**-e**' die entsprechende Endung angehängt:

	FUTUR I	KONDITIONAL I
je	vendr**ai**	vendr**ais**
tu	vendr**as**	vendr**ais**
il/elle/on	vendr**a**	vendr**ait**
nous	vendr**ons**	vendr**ions**
vous	vendr**ez**	vendr**iez**
ils/elles	vendr**ont**	vendr**aient**

Partizip Perfekt: statt '**-re**' wird '**-u**' angehängt: vend**u**
Partizip Präsens: statt '**-re**' wird '**-ant**' angehängt: vend**ant**
Imperativ: vends
   vendons
   vendez

KONJUGATION DER VERBEN

◆ *ZUSAMMENGESETZTE ZEITEN*

Diese werden gebildet mit einem Hilfsverb (**avoir** oder **être**, siehe UNREGELMÄSSIGE VERBEN) und dem Partizip Perfekt.

Hier noch einmal die Bildung des Partizip Perfekt bei den regelmäßigen Verben:
statt '**-er**' wird '**-é**' angehängt: donn**er**>donn**é**
statt '**-ir**' wird '**-i**' angehängt: fin**ir**>fin**i**
statt '**-re**' wird '**-u**' angehängt: vend**re**>vend**u**

Zu den zusammengesetzten Zeiten gehören:
1. *Perfekt:* es wird gebildet mit dem **Präsens** des Hilfsverbs+Partizip Perfekt
   z.B. j'**ai** vendu   *ich habe verkauft*
   je **suis** allé(e)   *ich bin gegangen*

2. *Plusquamperfekt:* es wird gebildet mit dem **Imperfekt** des Hilfsverbs+Partizip Perfekt
   z.B. j'**avais** vendu   *ich hatte verkauft*
   j'**étais** allé(e)   *ich war gegangen*

3. *Futur II:* es wird gebildet aus dem **Futur I** des Hilfsverbs+Partizip Perfekt
   z.B. j'**aurai** vendu   *ich werde verkauft haben*
   je **serai** allé(e)   *ich werde gegangen sein*

4. *Konditional II:* es wird gebildet aus dem **Konditional I** des Hilfsverbs+Partizip Perfekt
   z.B. j'**aurais** vendu   *ich hätte verkauft*
   je **serais** allé(e)   *ich wäre gegangen*

Die zusammengesetzten Zeiten von 'vendre' werden also folgendermaßen konjugiert:

PERFEKT	PLUSQUAMPERFEKT
j'ai vendu	j'avais vendu
tu as vendu	tu avais vendu
il/elle/on a vendu	il/elle/on avait vendu
nous avons vendu	nous avions vendu
vous avez vendu	vous aviez vendu
ils/elles ont vendu	ils/elles avaient vendu

KONJUGATION DER VERBEN

FUTUR II	KONDITIONAL II
j'aurai vendu	j'aurais vendu
tu auras vendu	tu aurais vendu
il/elle/on aura vendu	il/elle/on aurait vendu
nous aurons vendu	nous aurions vendu
vous aurez vendu	vous auriez vendu
ils/elles auront vendu	ils/elles auraient vendu

◆ *Zur Veränderlichkeit der Hilfsverben*
Bei der Mehrzahl der Verben werden die zusammengesetzten Zeiten mit **avoir** gebildet. Von der kleineren Zahl der Verben, die mit **être** konjugiert werden, sind die bekanntesten hier aufgeführt:

arriver *ankommen; geschehen*	passer *vorbeigehen*
	monter *hinaufgehen*
partir *abfahren, weggehen*	descendre *hinabgehen*
	naître *geboren werden*
entrer *eintreten*	mourir *sterben*
sortir *hinausgehen*	rester *bleiben*
aller *gehen*	tomber *fallen*
venir *kommen*	rentrer *zurückkommen*
devenir *werden*	retourner *um-/zurückkehren*

Bei den Verben, die mit 'être' konjugiert werden, richtet sich das Partizip Perfekt nach dem Subjekt*:
z.B. **aller** *(gehen): Partizip Perfekt*=allé
il est allé – elle est allée
ils sont allés – elles sont allées
*siehe auch REFLEXIVE VERBEN

Die zusammengesetzten Zeiten von 'aller' werden also folgendermaßen konjugiert (weibliche Formen in Klammern):

PERFEKT	PLUSQUAMPERFEKT
je suis allé(e)	j'étais allé(e)
tu es allé(e)	tu étais allé(e)
il/elle est allé(e)	il/elle était allé(e)
nous sommes allé(e)s	nous étions allé(e)s

vous êtes allé(e)   vous étiez allé(e)
          allé(e)s   allé(e)s
ils/elles sont allé(e)s   ils/elles étaient allé(e)s

FUTUR II   *KONDITIONAL II*
je serai allé(e)   je serais allé(e)
tu seras allé(e)   tu serais allé(e)
il/elle sera allé(e)   il/elle serait allé(e)
nous serons allé(e)s   nous serions allé(e)s
vous serez allé(e)   vous seriez allé(e)
          allé(e)s   allé(e)s
ils/elles seront allé(e)s   ils/elles seraient allé(e)s

Wegen der zweifachen Bedeutung von 'vous' ('Sie' und 'ihr') sind zwei verschiedene Formen angegeben (siehe PERSONALPRONOMEN)

Merke:
Bei den Verben, die mit 'avoir' konjugiert werden, bleibt das Partizip Perfekt unverändert: siehe unten (i). Geht dem Partizip Perfekt jedoch ein *direktes Objekt unmittelbar voran*, richtet sich das Partizip in Geschlecht und Zahl nach diesem Objekt (siehe (ii)):

(i)	(ii)
elle a lu le livre	elle l'a lu
nous avons perdu la clef	nous l'avons perdu**e**
il a fini les examens	il **les** a finis
j'ai envoyé les lettres	je **les** ai envoyé**es**

Das direkte Objekt kann sowohl Pronomen als auch Substantiv sein:

la clef que nous avons perdu**e** *der Schlüssel, den wir verloren haben*
celle que nous avons perdu**e** *der(jenige), den wir verloren haben*
quelles lettres ai-je envoyé**es**? *welche Briefe habe ich abgeschickt?*
lesquels a-t-il lus? *welche hat er gelesen?*

Konjunktionen
Im Französischen wie im Deutschen haben Konjunktionen die Aufgabe,

KONJUNKTIONEN 45

Wörter, Wortgruppen, Teilsätze und Sätze miteinander zu verbinden. Im Französischen gibt es jedoch einen grundlegenden Unterschied: den Gebrauch des SUBJONCTIF. Einige Konjunktionen, wie 'bien que' und 'pour que' stehen immer mit dem Subjonctif, die Konjunktion 'que' dagegen nur in bestimmten Fällen (nach Verben des Wünschens, Fragens etc.)

◆ *beiordnende Konjunktionen*
Sie verbinden Wörter und Sätze gleichen Grades. Die gebräuchlichsten beiordnenden Konjunktionen sind **mais** (*aber*), **ou** (*oder*), **et** (*und*), **donc** (*daher*), **or** (*nun ... aber*), **ni** (*weder ... noch*), **car** (*denn*)
Beachte den Gebrauch von **ni**:
je n'ai ni le temps ni l'argent nécessaire
ich habe weder die Zeit noch das Geld dazu
il n'a ni argent ni relations
er hat weder Geld noch Beziehungen

◆ *unterordnende Konjunktionen*
Sie verbinden Haupt- und Nebensätze miteinander. In diese Gruppe gehören folgende Konjunktionen:
1. **que**: **je ne savais pas qu'il était parti** *ich wußte nicht, daß er abgereist war;* **je ne crois pas qu'il viendra** *ich glaube nicht, daß er kommen wird;* **sais-tu qu'il a plus de trente ans?** *weißt du, daß er schon über dreißig ist?;* **je doute qu'il vienne** *ich bezweifle, daß er kommt;* **il faut qu'il vienne** *er muß kommen;*
Beachte den Gebrauch des SUBJONCTIF nach Verben des Wünschens, Zweifelns etc.
2. Die übrigen Konjunktionen lassen sich nach folgenden Gesichtspunkten gruppieren:

ZEIT
quand/lorsque: quand il/lorsqu'il reviendra *wenn er zurückkommt* (beachte, daß im Französischen hier das Futur stehen muß, während im Deutschen auch das Präsens

verwendet werden kann)
dès que/aussitôt que: préviens-moi dès qu'il/aussitôt qu'il sera arrivé *sag mir Bescheid, sobald er da ist*
au fur et à mesure que: au fur et à mesure qu'ils arrivaient *während sie nach und nach eintrafen*
jusqu'à ce que+SUBJONCTIF: **continue jusqu'à ce qu'il arrive** *mach weiter, bis er kommt*
pendant que: téléphone-lui pendant que je m'habille *ruf ihn an, während ich mich anziehe*

ZIEL, ZWECK
pour que/afin que+SUBJONCTIF: **je me suis levée de bonne heure pour que/afin que nous puissions partir plus tôt** *ich bin ganz früh aufgestanden, damit wir eher fahren können*

URSACHE
parce que: je l'ai aidé parce qu'il était malade *ich habe ihm geholfen, weil er krank war*

GEGENSATZ, ZUGESTÄNDNIS
bien que+SUBJONCTIF: **bien qu'il soit arrivé en retard** *obwohl er zu spät gekommen ist*

BEDINGUNG
si: s'il vient *wenn er kommt*
à condition que+SUBJONCTIF: **à condition qu'il vienne** *vorausgesetzt, er kommt*
siehe auch APRÈS, AVANT, BIEN, POUR, SANS, TANT

laisser 1. *((da)lassen)* **je vous laisse mon parapluie** *ich lasse Ihnen meinen Schirm da;* **laissez-moi votre adresse** *lassen Sie mir Ihre Adresse da/hinterlassen Sie Ihre Adresse*

2. *(laisser+Infinitiv: lassen)* **laisser bouillir la soupe pendant cinq minutes** *die Suppe fünf Minuten kochen lassen;* **il l'a laissé tomber** *er hat es fallen lassen;* siehe auch FAIRE

3. **se laisser: se laisser persuader** *sich überreden/überzeugen lassen;* **il s'est laissé influencer** *er hat sich beeinflussen lassen*

Lautschrift siehe AUSSPRACHE

le, la, les siehe ARTIKEL

lequel, laquelle etc. siehe FRAGESÄTZE, SATZFORMEN

leur, leurs siehe POSSESSIVPRONOMEN, PERSONALPRONOMEN

lui siehe PERSONALPRONOMEN

ma, mes siehe POSSESSIVPRONOMEN

manquer 1. *(verpassen, versäumen)* **je vais manquer le train/le dernier autobus** *ich werde den Zug/den letzten Bus verpassen*
 2. **manquer de: nous manquons de pain** *wir haben kein Brot mehr;* **nous ne manquons pas de travail** *an Arbeit fehlt es uns nicht*
 3. *(fehlen)* **deux élèves manquent** *zwei Schüler fehlen;* **il manque deux pages** *es fehlen zwei Seiten*
 4. **vous me manquez beaucoup** *ich vermisse Sie sehr/Sie fehlen mir sehr*
 5. **ne manquez pas de venir me voir** *Sie müssen mich unbedingt besuchen*

Mehrzahl siehe PLURAL

mien, mienne siehe POSSESSIVPRONOMEN

mieux 1. *(besser)* **nous travaillerons mieux demain** *morgen werden wir besser arbeiten;* **elle chante mieux que lui** *sie singt besser als er;* **se sentir mieux** *sich besser fühlen*
 2. **faire mieux: il ferait mieux de se taire** *es wäre besser, er würde nichts sagen*
 3. **le mieux: la robe qui lui allait le mieux** *das Kleid, das ihr am besten stand;* **le mieux serait de les inviter** *das Beste wäre/am besten wäre es, sie einzuladen;* siehe auch STEIGERUNG
 4. **de mon mieux** etc.: **je l'aide de mon mieux** *ich helfe ihr, so gut ich kann;* **faites de votre mieux!** *tun Sie Ihr Bestes!*

moi siehe PERSONALPRONOMEN

moins 1. *(weniger)* **buvez moins, vous vous sentirez mieux** *trinken Sie weniger, und Sie werden sich besser fühlen;* **je lis moins que toi** *ich lese weniger als du/nicht so viel wie du*

2. **moins ... que: elle est moins grande que son frère** *sie ist kleiner als ihr Bruder;* **c'est moins cher que chez nous** *das ist billiger als bei uns;* **j'ai moins d'argent que lui** *ich habe nicht so viel Geld wie er*; siehe auch STEIGERUNG

3. **moins de ...: nous avons eu moins de visiteurs** *wir hatten weniger/nicht mehr so viele Besucher;* **cela coûtera moins de 100 francs** *das wird weniger als 100 Francs kosten*
Merke: 'moins d'argent *que* lui', aber 'moins *de* 100 francs'

4. **au moins: il en a au moins dix** *er hat mindestens zehn davon;* **il aurait pu au moins nous avertir** *er hätte uns zumindest Bescheid sagen können*

5. **de moins en moins** *immer weniger*

mon siehe POSSESSIVPRONOMEN

Monate siehe ZEIT

ne ... pas/plus etc., **ni ... ni** siehe VERNEINUNG

nos, notre etc. siehe POSSESSIVPRONOMEN

on 1. *(man)* **on peut y ajouter du sucre** *man kann noch Zucker hinzugeben*

2. *(wir)* **on en parlera plus tard** *darüber reden wir später*

3. *(jemand)* **on vous demande au téléphone** *Sie werden am Telefon verlangt*

4. *(die Leute)* **que va-t-on penser?** *was werden die Leute bloß denken?*
Merke: Anstatt durch 'man' läßt sich 'on' auch durch eine Passiv-Konstruktion wiedergeben: **on peut le réparer facilement** *das läßt*

sich leicht reparieren; **on nous a dit que ...** *uns wurde gesagt, daß ...;* **on m'a envoyé ce livre** *dieses Buch wurde mir zugeschickt*

où 1. *(Fragewort)* **où allez-vous?** *wohin gehen Sie?;* **d'où venez-vous?** *woher kommen Sie?*
2. *(Orts- und Zeitbestimmung)* **le jour où il reviendra** *der Tag, an dem er zurückkommt;* **là où tu l'as mis** *da, wo du es hingetan hast;* **la ville où elle habite** *die Stadt, in der sie lebt*

par 1. *(Richtung: durch)* **passer par Paris/la France** *über Paris/durch Frankreich fahren;* **regarder par la fenêtre** *aus dem Fenster sehen;* **passez par ici** *gehen Sie hier durch/ entlang*
2. *(pro, je etc.)* **plusieurs fois par jour** *mehrmals täglich/am Tag;* **je gagne 5000 francs par mois** *ich verdiene 5000 Francs pro/im Monat*
3. *(mittels: von, durch)* **il a été renversé par une voiture** *er ist von einem Auto überfahren worden;* **j'ai appris la nouvelle par mon frère** *ich habe es von meinem/durch meinen Bruder erfahren;* **par la poste** *per/mit der Post*

Partizip Perfekt/Präsens siehe KONJUGATION DER VERBEN, UNREGELMÄSSIGE VERBEN

pas siehe VERNEINUNG

Passé composé/simple siehe KONJUGATION, ZEITEN

Passiv Im Französischen wird das Passiv mit den Zeiten von être und dem **Partizip Perfekt** gebildet, das in Geschlecht und Zahl mit dem Subjekt übereinstimmen muß. Der Urheber der Handlung wird meist durch die Präposition **par** angeschlossen:
  j'ai été puni(e) par le professeur *ich bin vom Lehrer bestraft worden*
  elle sera punie *sie wird bestraft werden*
  nous avons été puni(e)s *wir sind bestraft worden*

50 PERFEKT

Anstelle des Passivs wird im Französischen häufig eine Konstruktion mit **on** oder **se** gebraucht; siehe ON, REFLEXIVE VERBEN

Perfekt siehe KONJUGATION, ZEITEN

Personalpronomen

◆ *ÜBERSICHTSTAFEL*

1	2	3	4	5
SUBJEKT	OBJEKT			BETONT
	DIREKT	INDIREKT	REFLEXIV	
je, j'	**me, m'**	**me, m'**	**me, m'**	**moi**
ich	*mich*	*mir*	*mich*	*ich*
tu	**te, t'**	**te, t'**	**te, t'**	**toi**
du	*dich*	*dir*	*dich*	*du*
il	**le, l'**	**lui**	**se, s'**	**lui**
er/es	*ihn/es*	*ihm*	*sich*	*er/es*
elle	**la, l'**	**lui**	**se, s'**	**elle**
sie/es	*sie/es*	*ihr/ihm*	*sich*	*sie/es*
on			**se**	**soi**
man			*sich*	*sich*
nous	**nous**	**nous**	**nous**	**nous**
wir	*uns*	*uns*	*uns*	*wir*
vous	**vous**	**vous**	**vous**	**vous**
ihr/Sie	*euch/Sie*	*euch/Ihnen*	*euch/sich*	*ihr/Sie*
ils	**les**	**leur**	**se, s'**	**eux**
sie	*sie*	*ihnen*	*sich*	*sie*
elles	**les**	**leur**	**se, s'**	**elles**
sie	*sie*	*ihnen*	*sich*	*sie*

◆ *SUBJEKTPRONOMEN*

1. **je>j'** vor Vokalen, stummem h, Y oder EN: **j'ai faim; j'y vais** etc.
   Aber: **puis-je entrer/avoir ...?** *darf ich hereinkommen/... haben?*
2. **tu** und **vous**:
   Wie im Deutschen gibt es auch im Französischen eine förmliche Anrede: **vous** (Grundbedeutung=ihr/euch) entspricht dabei den Formen 'Sie' und 'Ihnen'
3. Da es im Französischen nur zwei Geschlechter

gibt, können **il** (*er*) und **elle** (*sie*) auch die
Bedeutung von '*es*' haben:
la fille – **elle** ... *das Mädchen – es ...*
l'enfant – **il** ... *das Kind – es ...*

Merke:
ils/elles: Im Unterschied zum Deutschen gibt
es im Französischen auch für die 3. Person
Plural zwei verschiedene Formen

◆ *OBJEKTPRONOMEN, REFLEXIVPRONOMEN*
1. **me, te, se>m', t', s'** vor Vokalen, stummem h, y
oder EN:
   il **m'**aime   *er liebt mich*
   elle **t'**en a donné deux *sie hat dir zwei
                            gegeben*
2. In bejahten Aufforderungssätzen werden **me**
und **te** durch **moi** und **toi** ersetzt:
   aidez-**moi**   *helfen Sie mir*
   donne-**moi** la main   *gib mir die Hand*
3. Direkt oder indirekt:
Mit Ausnahme von **le, la, l', les, lui** und **leur**
(d.h. Pronomen der 3. Person) haben die
direkten und indirekten Objektpronomen im
Französischen dieselbe Form:
   il **me** connaît   *er kennt mich*
   il **me** parle   *er spricht mit mir*
   elle **t'**aime   *sie liebt dich*
   elle **t'**écrit   *sie schreibt dir*

◆ **le, la, l', les**: direkte Objektpronomen
Außer als bestimmte Artikel (*der, die, das; die*)
können **le, la, les** auch als Objektpronomen
auftreten und ersetzen dann ein Substantiv:
   le (l')=*ihn/es*
   la (l')=*sie/es*
   les   =*sie*
mon appareil-photo ne marche pas:
pouvez-vous **le** réparer?
*mein Fotoapparat funktioniert nicht – können
Sie ihn reparieren?*

j'ai deux voisins mais je ne **les** vois pas souvent
ich habe zwei Nachbarn, aber ich sehe sie nicht oft
le, la>l' vor Vokalen, stummem h, Y und EN:
je **l'**ai vu *ich habe ihn/es gesehen*
aber: faites-**la** entrer *führen Sie sie herein*

◆ **lui, leur**: indirekte Objektpronomen
lui=*ihr/ihm*   **leur**=*ihnen*

Vergleiche:
je **le/la** connais	*ich kenne ihn/sie*
je **lui** écris	*ich schreibe ihm/ihr*
nous **l'**aimons	*wir mögen ihn/sie*
nous **lui** envoyons des lettres	*wir schicken ihm/ihr Briefe*
tu **les** as choisis	*du hast sie ausgesucht*
tu **leur** as donné l'argent	*du hast ihnen das Geld gegeben*

In vielen Fällen stimmen die französische und die deutsche Konstruktion überein.
Beachte jedoch:
je vais **lui** demander son avis	*ich werde ihn um Rat fragen*
je **les** ai aidés	*ich habe ihnen geholfen*

4. Reflexive Verben und ihre Pronomen werden unter dem Stichwort REFLEXIVE VERBEN behandelt
Merke jedoch: **te>toi** in bejahten Aufforderungssätzen
    assieds-**toi**! *setz dich!*
    lève-**toi**! *steh auf!*
dagegen: ne **t'**assieds pas! *setz dich nicht!*
    ne **te** lève pas! *steh nicht auf!*

◆ *BETONTE PRONOMEN*
1. Die betonte Form der Pronomen wird in folgenden Fällen gebraucht:
   a) zur Hervorhebung:
   toi, tu peux y aller, mais **moi**, je reste ici
   DU *kannst ja gehen,* ICH *bleibe jedenfalls hier*

b) wenn das Pronomen unverbunden steht:
qui est-ce? – **moi** *wer ist da? – ich (bin es)*

c) bei doppeltem Subjekt:
lui et son fils vont à la pêche
er und sein Sohn gehen angeln
vous et **moi** pouvons le faire
Sie und ich können das machen

d) beim Komparativ:
plus âgé que **moi** *älter als ich*

e) nach **c'est, ce sont** etc.:
c'est **lui/elle** *er/sie ist es*
ce sont **eux** *sie sind es*

f) nach **ne ... que**:
elles ne détestent que **lui**
sie können nur ihn nicht leiden

g) in Verbindung mit **-même(s)** zur besonderen Betonung:
moi-même *ich (...) selbst etc.*
toi-même
lui-même
elle-même
soi-même
nous-mêmes
vous-même(s)
eux-mêmes
elles-mêmes
je l'ai fait **moi-même** *das habe ich selbst gemacht*

h) nach Präpositionen:
quant à **moi** *was mich betrifft*
chez **eux** *bei ihnen*
sans **elle** *ohne sie*
elle se fie à **lui** *sie vertraut ihm*
nous pensons à **vous** *wir denken an euch*

2. Das betonte Pronomen wird nur für Personen oder Tiere, nicht jedoch für Sachen verwendet:
j'aime bien travailler avec **lui** *ich arbeite gern mit ihm (z.B. einem Freund)*
j'aime mieux travailler avec **celui-ci** *ich arbeite lieber mit dem (z.B. einem Wörterbuch)*

PERSONALPRONOMEN

3. Zum Gebrauch von soi siehe da.

◆ *DIE STELLUNG DER OBJEKTPRONOMEN*
1. Alle Objektpronomen in den Spalten 2 – 4 der Übersichtstafel werden im Satz dem Verb oder Hilfsverb vorangestellt:

je **la** vois	*ich sehe sie*
je **l'**ai vue	*ich habe sie gesehen*
il **lui** écrit	*er schreibt ihm/ihr*
il **lui** avait écrit	*er hatte ihm/ihr geschrieben*
elle **se** lève	*sie steht auf*
elle **s'**est levée	*sie ist aufgestanden*
nous ne **les** aimons pas	*wir mögen sie nicht*
où est-ce que vous **les** avez laissés?	*wo habt ihr sie gelassen?*
ne **l'**aimez-vous pas?	*mögen Sie sie/ihn/es nicht?*

2. In positiven Aufforderungssätzen wird das Pronomen dem Verb nachgestellt und durch Bindestrich verbunden:
prenez-**le** *nehmen Sie es*
allez-**vous-en** *gehen Sie!*
regarde-**nous** *sieh uns an*
Merke: **me** und **te** werden zu **moi** und **toi**, außer vor Y und EN:
aidez-**moi** *helfen Sie mir*
tais-**toi** *sei still*
aber: donnez-**m'en** *geben Sie mir davon*

3. Folgt ein Infinitiv dem Verb, steht das Objektpronomen gewöhnlich vor dem Infinitiv:
je vais **l'**aider *ich werde ihm/ihr helfen*
il veut **nous** voir *er will uns sehen*

◆ *DIE REIHENFOLGE DER OBJEKTPRONOMEN*
1. Vor dem Verb:

me							
te		le		lui			
se	*vor*	la	*vor*	leur	*vor*	y	*vor* en
nous		les					
vous							

il **me les** décrit — er beschreibt sie mir
je **le lui** explique — ich erkläre es ihm/ihr
il **s'en** est souvenu — er hat sich daran erinnert

2. Nach dem Verb: in diesem Fall stehen die *direkten* vor den *indirekten* Pronomen:

| le la les | vor | moi (m') toi (t') lui nous vous leur | vor | y | vor | en |

donnez-**le-moi** — *geben Sie es mir*
donnez-**m'en** — *geben Sie mir davon*
expliquez-**le-nous** — *erklären Sie es uns*

persönliches Fürwort siehe PERSONALPRONOMEN

personne 1. (ne ... personne) **personne n'est venu** *niemand/keiner ist gekommen;* **nous n'inviterons personne** *wir werden niemand(en) einladen;* **il n'y a personne à la maison** *es ist niemand zu Hause*

2. (alleinstehend) **qui t'a vu? – personne** *wer hat dich gesehen? – niemand;* **qui as-tu vu? – personne** *wen hast du gesehen? – niemand(en);* **qui le sait? – presque personne** *wer weiß es? – so gut wie keiner*

3. **sans que personne nous voie** *ohne daß uns jemand sieht;* **je le sais mieux que personne** *ich weiß es am besten*

Merke: Nach 'sans que personne' steht der SUBJONCTIF

peu 1. **il fume peu** *er raucht wenig;* **il gagne peu** *er verdient wenig;* **il travaille trop peu** *er arbeitet zu wenig*

2. **peu de ...: nous avons peu de temps** *wir haben kaum/wenig Zeit;* **il a peu d'amis** *er hat kaum/nur wenige Freunde*

3. un peu plus de pain *noch ein wenig Brot;* **un peu moins de sel** *etwas weniger Salz*

4. peu à peu *nach und nach, allmählich*

5. à peu près *ungefähr, (in) etwa;* **à peu près cinq minutes** *ungefähr fünf Minuten*

6. peu avant *kurz zuvor;* **c'est peu intéressant** *das ist nicht besonders interessant*

Plural

1. Allgemeine Regel: **Singular+s**:
   le garçon   les garçon**s**
   la fille   les fille**s**

2. Weitere Pluralformen:

SINGULAR ENDUNG	PLURAL ENDUNG	BEISPIEL		
-s, -x, -z	bleibt	le bas les bas	la voix les voix	le nez les nez
-au, -eau	-x	le tuyau les tuya**x**	le bateau les batea**x**	
-eu*	-x	le feu les feu**x**		
-al*	-aux	le journal les journ**aux**	le cheval les chev**aux**	
-ail	-aux	le travail les trav**aux**	le vitrail les vitr**aux**	

*Gängige Ausnahmen:
 le pneu, les pneu**s**
 le bal, les bal**s**
 le festival, les festival**s**

3. Die Mehrzahl der Substantive auf **-ou** bilden den Plural regelmäßig, also mit **-s**. Einige enden jedoch auf **-x**; im folgenden sind die bekanntesten aufgeführt:
   le bijou (*Schmuck*), le caillou (*Steinchen*), le chou (*Kohlkopf*), le genou (*Knie*), le hibou (*Eule*), le joujou (*Spielzeug*), le pou (*Laus*)

4. Zu den bekanntesten Substantiven mit unregelmäßiger Pluralbildung gehören:
   l'**œil**>les **yeux**
   le **monsieur**>les **messieurs**

Madame > Mesdames
Mademoiselle > Mesdemoiselles
5. Zusammengesetzte Substantive
(chauve-souris, chemin de fer, garde-malade
etc.): Hierfür gelten recht komplizierte Regeln.
In Zweifelsfällen ist es daher am besten, im
Wörterbuch nachzuschlagen
siehe auch GESCHLECHT, ADJEKTIVE

plus 1. **ne ... plus: nous n'irons plus au
cinéma** *wir gehen nicht mehr ins Kino;* **il n'en a
plus** *er hat keine/nichts mehr;* **il n'y en a plus** *es
ist nichts mehr da;* **il n'en a plus besoin** *er
braucht es nicht mehr;* **il n'y a plus de beurre** *es
ist keine Butter mehr da;* siehe auch VERNEINUNG
2. **plus ... que: Paul est plus grand que son
cousin** *Paul ist größer als sein Vetter;* **il en a plus
que moi** *er hat (davon) mehr als ich*
3. **plus de ...: je veux plus d'argent** *ich will
mehr Geld;* **il a plus de livres que de disques** *er
hat mehr Bücher als Schallplatten;* **elle a plus de
chance que son frère** *sie hat mehr Glück als ihr
Bruder;* **plus de dix personnes m'ont parlé**
mehr als zehn Personen haben mich angesprochen
Merke: 'plus de chance *que* moi', aber 'plus *de* dix
personnes'
siehe auch STEIGERUNG
4. **en plus: elle a travaillé trois heures en
plus** *sie hat drei Stunden zusätzlich gearbeitet;*
deux clients en plus *zwei weitere/noch zwei
Kunden;* **en plus de cela, il a perdu l'adresse**
obendrein hat er noch die Adresse verloren
5. **plus ... plus/moins: plus il arrivait de
monde, plus il s'inquiétait** *je mehr Leute kamen,
desto unruhiger wurde er;* **plus on travaille,
moins on s'ennuie** *je mehr man arbeitet, desto
weniger langweilt man sich*

plusieurs 1. **il y a plusieurs solutions** *es gibt
mehrere Lösungen;* **je l'ai appelé plusieurs fois**
ich habe ihn mehrmals angerufen

2. ils/elles sont plusieurs *sie sind zu mehreren;* **nous en avons cassé plusieurs** *wir haben mehrere (davon) kaputt gemacht*
Merke: **plusieurs** ist unveränderlich!

Possessivpronomen

◆ **mon, ma, mes** etc. – *mein* etc.: das adjektivisch gebrauchte Possessivpronomen steht immer in Verbindung mit einem Bezugswort und richtet sich in Geschlecht und Zahl nach diesem:

BEZUGSWORT IM SINGULAR

MÄNNLICH		WEIBLICH		
mon*	vélo	**ma**	vie	*mein(e)...*
ton*	père	**ta**	mère	*dein(e)...*
son*	avis	**sa**	fin	*sein(e)/ihr(e)...*
notre	but	**notre**	aide	*unser(e)...*
votre	emploi	**votre**	fille	*euer(e)/Ihr(e)*
leur	patron	**leur**	chambre	*ihr...*

*Diese Formen gelten auch bei weiblichen Substantiven, die mit einem Vokal oder stummem h beginnen:
 mon école
 ton histoire

BEZUGSWORT IM PLURAL

MÄNNLICH/WEIBLICH		
mes	frères/sœurs	*meine...*
tes	espoirs/idées	*deine...*
ses	frais/raisons	*seine/ihre...*
nos	amis/amies	*unsere...*
vos	conseils/autos	*eure/Ihre...*
leurs	noms/voix	*ihre...*

Besonderheiten:
Im Französischen gibt es keine unterschiedlichen Formen für männliche oder weibliche Besitzer. Ausschlaggebend ist allein das Bezugswort:

elle m'a prêté **son** vélo/**sa** voiture
sie hat mir ihr Fahrrad/ihren Wagen geliehen
il m'a prêté **son** vélo/**sa** voiture
er hat mir sein Fahrrad/seinen Wagen geliehen

POSSESSIVPRONOMEN

◆ **le mien, le tien** etc. – *meines, deines* etc.: das substantivisch gebrauchte Possessivpronomen steht allein; es ersetzt ein Substantiv und richtet sich in Geschlecht und Zahl nach diesem:

voici mon billet – où est **le tien/le vôtre?**
hier ist meine Karte – wo ist deine/Ihre?
vous n'avez pas de montre? – empruntez **la mienne**
haben Sie keine Uhr? – ich leihe Ihnen meine

Das substantivische Possessivpronomen hat folgende Formen:

SINGULAR

MÄNNLICH	WEIBLICH	
le mien	la mienne	*meine(r,s)*
le tien	la tienne	*deine(r,s)*
le sien	la sienne	*seine(r,s)*
		ihre(r,s)
le nôtre	la nôtre	*unsere(r,s)*
le vôtre	la vôtre	*Ihre(r,s)*
		eure(r,s)
le leur	la leur	*ihre(r,s)*

PLURAL

MÄNNLICH	WEIBLICH	
les miens	les miennes	*meine*
les tiens	les tiennes	*deine*
les siens	les siennes	*seine*
		ihre
les nôtres	les nôtres	*unsere*
les vôtres	les vôtres	*Ihre*
		eure
les leurs	les leurs	*ihre*

Besonderheiten:
1. Auch hier gibt es keine unterschiedlichen Formen für männliche oder weibliche Besitzer:

le sien	seiner/seine/sein(e)s *oder*
la sienne	ihrer/ihre/ihres
les siens	seine/ihre
les siennes	

2. 'le sien', 'la sienne' etc. können in bestimmten Fällen auch mit *der/die/das eigene* etc. wiedergegeben werden:

quelquefois on préfère la cuisine des autres à **la sienne**
manchmal zieht man die Kochkünste anderer Leute den eigenen/seinen eigenen vor

3. Merke: Nach 'de' und 'à' werden 'le' und 'les' zusammengezogen:

je préfère ton dessin **au** sien
deine Zeichnung gefällt mir besser als ihre
la rencontre de mes parents et **des** vôtres
die Begegnung zwischen meinen Eltern und (den) Ihren

pour 1. *(für)* ces fleurs sont pour toi *diese Blumen sind für dich*
2. *(nach)* je pars pour Rome à midi *um 12 Uhr fahre ich nach Rom*
3. *(um ... zu)* je l'ai fait pour vous aider *ich habe es getan, um Ihnen zu helfen;* j'ai assez d'argent pour lui prêter 50 francs *ich habe genug, um ihm 50 Francs leihen zu können*
4. **pour que:** pour que nous sachions *damit wir wissen*
Beachte den Gebrauch des SUBJONCTIF
5. *(Betrag, Menge)* donnez-moi pour 30 francs d'essence *ich möchte für 30 Francs tanken*

pouvoir zur Konjugation siehe UNREGELMÄSSIGE VERDEN
1. *(können)* **pouvoir faire quelque chose** *etwas tun können;* il peut le faire facilement *das kann er ohne Schwierigkeiten machen;* il pourra marcher avec des béquilles *er wird mit Krücken gehen können*
2. *(dürfen)* tu peux y aller *du kannst da hingehen;* puis-je me servir de vin? *darf ich mir etwas Wein einschenken?*

3. *(unpersönlich)* **il se pourrait qu'il pleuve** *es könnte regnen;* **il se peut qu'il n'ait pas reçu ta lettre** *vielleicht hat er deinen Brief nicht bekommen*
Beachte den Gebrauch des SUBJONCTIF
4. *(Möglichkeit, Wunsch etc.)* **il aurait pu venir!** *er hätte kommen können!;* **il pourrait se dépêcher!** *er könnte sich etwas beeilen!*
5. je n'en peux plus! *ich kann nicht mehr!/ich halte das nicht mehr aus!*

Präpositionale Ergänzungen

Die folgenden Konstruktionen zeigen die vielseitigen Funktionen von **à** und **de** im Satz und die Möglichkeiten ihrer Wiedergabe im Deutschen. 'Faire' *(tun)* steht in diesem Fall allgemein für einen Infinitiv, 'qch' (die Abkürzung von quelque chose) für '*etwas*' (=etw) und 'qn' (die Abkürzung von quelqu'un) für '*jemanden*'/'*jemandem*' (=jdn/jdm)

1. Adjektiv+**de**+Infinitiv
   capable de faire *fähig; in der Lage*
   content de faire *zufrieden; froh*
   heureux de faire *froh*
   impatient de faire *gespannt; begierig*

2. Adjektiv+**de**+Substantiv
   capable de qch *fähig zu etw*
   enchanté de qch *erfreut über etw*
   furieux de qch *wütend auf etw*
   reconnaissant de qch *dankbar für etw*
   responsable de qch *verantwortlich für etw*
   satisfait de qch *zufrieden über etw*
   surpris de qch *überrascht über etw*

3. Adjektiv+**à**+Substantiv
   apte à qch *geeignet für etw; imstande zu etw*

4. Verb+**de**
   blâmer qn de qch *jdn für etw verantwortlich machen*
   dépendre de qn/qch *von jdm/etw abhängig sein*

s'étonner de qch *erstaunt sein über etw*
s'excuser de qch *sich entschuldigen für etw*
féliciter qn de qch *jdn zu etw beglückwünschen*
jouir de qch *etw genießen*
se moquer de qn/qch *sich über jdn/etw lustig machen*
parler de qn/qch *über jdn/etw reden*
se passer de qch *ohne etw auskommen/auf etw verzichten*
rire de qn/qch *über jdn/etw lachen*
se servir de qn/qch *jdn/etw benutzen*
se souvenir de qn/qch *sich an jdn/etw erinnern*

5. Verb+à
se fier à qn *jdm (ver)trauen*
s'habituer à qch *sich an etw gewöhnen*
nuire à qn *jdm schaden*
obéir à qn *jdm gehorchen*
plaire à qn *jdm gefallen*
renoncer à qch *auf etw verzichten*
ressembler à qn/qch *jdm ähnlich sehen/sein; etw ähneln*

apprendre qch à qn *jdm etw beibringen*
défendre qch à qn *jdm etw verbieten*
demander qch à qn *jdn um etw bitten*
dire qch à qn *jdm etw sagen*
pardonner qch à qn *jdm etw verzeihen*
permettre qch à qn *jdm etw erlauben*

cacher qch à qn *jdm etw verheimlichen*
emprunter qch à qn *etw von jdm (aus)leihen*
enlever qch à qn *jdm etw wegnehmen*
prendre qch à qn *jdm etw nehmen*

Präpositionen siehe À, APRÈS, AVANT, DANS, DE, EN, PAR, POUR, SANS

Präsens siehe KONJUGATION, ZEITEN

presque 1. *(fast, beinahe)* **j'ai presque terminé** *ich bin fast fertig;* **j'ai lu presque tout le**

livre *ich habe das Buch fast ausgelesen*
2. *(in verneinten Sätzen: kaum)* **je n'ai vu presque personne** *ich habe kaum jemanden gesehen;* **il n'a presque rien dit** *er hat kaum etwas/fast nichts gesagt;* **ils n'ont presque plus d'argent** *sie haben kaum noch Geld*

Pronomen siehe DEMONSTRATIVPRONOMEN, EN, FRAGESÄTZE, PERSONALPRONOMEN, POSSESSIVPRONOMEN, SATZFORMEN, Y

que 1. *(Interrogativpronomen)* **que veux-tu?** *was willst du?;* siehe auch FRAGESÄTZE
2. *(Relativpronomen)* **le film que j'ai vu** *der Film, den ich gesehen habe;* siehe auch SATZFORMEN, KONJUGATION DER VERBEN
3. *(als, wie)* **il est plus grand que moi** *er ist größer als ich;* **c'est aussi cher qu'en France** *das ist genauso teuer wie in Frankreich*
4. *(daß)* **je sais qu'il est parti** *ich weiß, daß er abgereist ist*; siehe auch KONJUNKTIONEN, SATZFORMEN
5. *(ob)* **que tu viennes ou non** *ob du nun kommst oder nicht*
Beachte den Gebrauch des SUBJONCTIF

quelque 1. cela fait quelque temps que je ne l'ai pas vu *ich habe ihn seit einiger Zeit nicht gesehen*
2. il y avait quelque 500 personnes *es waren an die/etwa 500 Personen da;* siehe auch QUELQUES

quelque chose *((irgend)etwas)* **j'ai entendu quelque chose** *ich habe etwas gehört;* **avez-vous trouvé quelque chose?** *haben Sie (irgend)etwas gefunden?*

quelquefois *manchmal*

quelque part *irgendwo*

quelques: nous avons quelques chaises en trop *wir haben einige/ein paar Stühle übrig;* **les**

quelques fois que nous sommes allés à la campagne *die wenigen Male, die wir aufs Land gefahren sind*

quelques-uns, quelques-unes *einige*

quelqu'un *((irgend)jemand)* **quelqu'un m'a dit que ...** *jemand hat mir erzählt, daß ...;* **as-tu vu quelqu'un?** *hast du (irgend)jemanden gesehen?*

qui 1. *(Interrogativpronomen)* **qui a téléphoné?** *wer hat angerufen?;* **à qui parles-tu?** *mit wem sprichst du?;* siehe auch FRAGESÄTZE

2. *(Relativpronomen)* **la femme qui m'a parlé** *die Frau, die mich angesprochen hat;* **les enfants avec qui il jouait** *die Kinder, mit denen er spielte;* siehe auch SATZFORMEN

quoi 1. *(was)* **il ne sait pas quoi dire** *er weiß nicht, was er sagen soll;* **en quoi est-ce fait?** *woraus ist das gemacht?;* siehe auch FRAGESÄTZE

2. *(was (immer)auch)* **quoi que tu dises** *was (immer) du auch sagst;* **quoi qu'il arrive** *was (immer) auch geschieht*

Beachte den Gebrauch des SUBJONCTIF

Reflexive Verben z.B. 'se laver' *(sich waschen)*

◆ 1. Die reflexiven Verben werden mit den Reflexivpronomen (me, te, se, nous, vous) +Verb gebildet

Beispiel: **se laver** *sich waschen*
         se lever *aufstehen*
         s'habiller *sich anziehen*

Das Reflexivpronomen richtet sich dabei immer nach dem Subjekt: 'il se lave' *(er wäscht sich)*, 'nous nous lavons' *(wir waschen uns)*

Das Präsens von 'se laver' lautet folgendermaßen:
je **me** lave	*ich wasche mich*
tu **te** laves	*du wäschst dich*
il **se** lave	*er/es wäscht sich*
elle **se** lave	*sie/es wäscht sich*

on **se** lave	*man wäscht sich*
nous **nous** lavons	*wir waschen uns*
vous **vous** lavez	*ihr wascht euch/ Sie waschen sich*
ils/elles **se** lavent	*sie waschen sich*

Andere Zeiten:

Imperfekt	je me lavais etc.
Passé Simple	je me lavai etc.
Futur I	je me laverai etc.
Konditional I	je me laverais etc.

Merke:
  a) **me, te, se>m', t', s'** vor Vokalen oder stummem h:
z.B.: je **m'**appelle *ich heiße*
  tu **t'**habilles *du ziehst dich an*
  il/elle **s'**ennuie *er/sie langweilt sich*
  ils/elles **s'**asseyent *sie setzen sich*
  b) siehe unter IMPERATIV

◆ **2.** Die reflexiven Verben bilden die zusammengesetzten Zeiten mit 'être'. Das Partizip Perfekt richtet sich dabei in Geschlecht und Zahl nach seinem *direkten* Objekt, wenn dieses dem Verb *vorangeht*

Beispiel:

PERFEKT	PLUSQUAMPERFEKT
je **me** suis lavé(e)	je **m'**étais lavé(e) etc.
tu **t'**es lavé(e)	
il/elle **s'**est lavé/e	FUTUR II
nous **nous** sommes lavé(e)s	je **me** serai lavé(e) etc.
vous **vous** êtes lavé(e)s lavé(e)	KONDITIONAL II
ils/elles **se** sont lavé(e)s	je **me** serais lavé(e) etc.

me (mich), **te** (dich), **se** (sich) etc. sind hier *direktes* Objekt

◆ **3.** Das Partizip Perfekt verändert sich nicht, wenn das *direkte* Objekt dem Verb *nach*gestellt ist:

je me suis cassé la jambe
ich habe mir *das Bein gebrochen*
elle s'est brossé les cheveux/les dents
sie hat sich *die Haare gekämmt/die Zähne geputzt*
nous nous sommes lavé les mains
wir haben uns *die Hände gewaschen*

me (mir), **se** (sich), **nous** (uns) sind hier *indirektes* Objekt

◆ 4. a) **ils se sont aimés**
    sie haben sich/einander geliebt
   nous nous sommes écrit des lettres
    wir haben uns/einander Briefe geschrieben
Beachte, daß das Reflexivpronomen auch mit 'einander' wiedergegeben werden kann
   b) **ça se répare facilement**
    das läßt sich leicht reparieren
   ça se vend bien
    das verkauft sich gut
   cela ne se fait pas
    das tut man nicht
Hier wird das Reflexivpronomen in unpersönlichen Passiv-Konstruktionen verwendet. Im Deutschen werden diese Ausdrücke meist mit 'man' oder 'das läßt sich' wiedergegeben

Reflexivpronomen siehe
PERSONALPRONOMEN, REFLEXIVE VERBEN

Relativpronomen siehe SATZFORMEN

rendre 1. **rendre quelque chose à quelqu'un: je lui ai rendu son livre** *ich habe ihm sein Buch zurückgegeben*
  2. **rendre quelqu'un malade/nerveux: ça l'a rendu malade/nerveux** *es hat ihn krank/nervös gemacht*
  3. **se rendre quelque part: ils se sont rendus sur les lieux de l'accident** *sie haben sich an den Unfallort begeben*

rien 1. **je n'ai rien vu** *ich habe nichts gesehen;* **rien n'a changé** *es hat sich nichts geändert;* siehe auch VERNEINUNG
2. **sans rien dire** *ohne (irgend)etwas zu sagen*

rückbezügliches Fürwort siehe REFLEXIVPRONOMEN

sa siehe POSSESSIVPRONOMEN

sans 1. *(vor Substantiven)* **sans manteau** *ohne Mantel;* **sans père** *ohne Vater/vaterlos;* **sans manches** *ohne Ärmel/ärmellos;* **sans un meuble** *ohne ein Möbelstück*
2. *(vor Verben)* **il est parti sans dire au revoir** *er ist abgereist, ohne sich zu verabschieden;* **il est parti sans dire un mot** *er ist gegangen, ohne ein Wort zu sagen;* **il l'a éteint sans s'en apercevoir** *er hat es ausgeschaltet, ohne es zu (be)merken*
3. **sans que: il est parti sans que je m'en aperçoive** *er ist gegangen, ohne daß ich es bemerkt habe*
Beachte den Gebrauch des SUBJONCTIF (vergleiche auch mit 2., wo beide Verben nur *ein* Subjekt haben)

Satzformen

1. Aussagesätze
Die Grundstruktur der Aussagesätze ist im Französischen und im Deutschen ähnlich:

SUBJEKT	VERB	OBJEKT
elle	**achète**	**les billets**
sie	*kauft*	*die Karten*

Unterschiede in der Wortstellung ergeben sich vor allem bei den zusammengesetzten Zeiten, den Personalpronomen und der Erweiterung durch adverbielle Bestimmungen. Die folgenden Beispiele veranschaulichen dies:
je suis/content
ich bin/zufrieden
le soleil/brille
die Sonne/scheint

nous sommes arrivés/hier
wir sind /gestern angekommen

elle a acheté/les billets   elle **les** a achetés
sie kaufte /die Karten   sie hat sie gekauft

il parle /à sa mère   il **lui** parle
er spricht/mit seiner Mutter   er spricht mit ihr

j'écris /une lettre/au directeur
ich schreibe/einen Brief/an den Direktor

je **lui** écris une lettre   je **la lui** écris
ich schreibe ihm einen Brief ich schreibe ihn ihm

je voudrais/essayer/cette robe
ich möchte gern /dieses Kleid anprobieren

je voudrais **l'**essayer
ich möchte es gerne anprobieren

2. siehe VERNEINUNG
3. siehe FRAGESÄTZE
4. Aufforderungssätze: siehe IMPERATIV
5. Relativsätze

◆ **qui; que** – Relativpronomen (*der, die, das* etc.)
SUBJEKT l'homme **qui** parle
der Mann, der spricht
la porte **qui** est ouverte
die Tür, die geöffnet ist
OBJEKT la fille **que*** vous voyez
das Mädchen, das Sie sehen
le bâtiment **que*** vous voyez
das Gebäude, das Sie sehen

* vor Vokalen wird **que** zu **qu'**:
la femme **qu'**il a rencontrée
die Frau, die er getroffen hat
le repas **qu'**elle prépare
das Essen, das sie zubereitet

IN VERBINDUNG MIT PRÄPOSITIONEN:
z.B.: les enfants **avec qui** il jouait
die Kinder, mit denen er spielte
l'homme **à qui** j'ai donné le livre
der Mann, dem ich das Buch gegeben habe

SATZFORMEN

◆ **quoi** (nach einer Präposition: *woran, woraus* etc.):
>je ne sais pas **à quoi** il pense
>*ich weiß nicht, woran er denkt*
>elle m'a demandé **de quoi** ils parlaient
>*sie hat mich gefragt, worüber sie sprechen*

◆ **lequel, laquelle; lesquels, lesquelles** – veränderliches Relativpronomen; steht in Verbindung mit einer Präposition *immer* für Sachen, kann sich aber auch auf Personen beziehen. Es richtet sich in Geschlecht und Zahl nach seinem Bezugswort:
>le stylo **avec lequel** il écrivait
>*der Füllhalter, mit dem er schrieb*
>la boîte **dans laquelle** il l'a mis
>*die Schachtel, in die er es getan hat*
>les champs **vers lesquels** il courait
>*die Felder, auf die er zulief*
>les nuits **pendant lesquelles** elle travaillait
>*die Nächte, in denen sie arbeitete*

Merke:
(a) à+lequel=**auquel**
  à+lesquels=**auxquels**
  à+lesquelles=**auxquelles**
z.B.: le club **auquel** il appartient
  der Klub, in dem er Mitglied ist
  les adresses **auxquelles** j'écris
  die Adressen, an die ich schreibe
(b) de+lequel=**duquel**
  de+lesquels=**desquels**
  de+lesquelles=**desquelles**
z.B.: le film **duquel** il parlait
  der Film, von dem er sprach
laquelle bleibt dagegen unverändert: **à laquelle, de laquelle**

◆ **ce qui, ce que, ce dont** – *was*
>je ne sais pas **ce qui** se passe
>*ich weiß nicht, was los ist*

SAVOIR

ce qui m'agace, c'est que ...
was mich ärgert, ist daß ...
elle ne comprend pas **ce que*** vous dites
sie versteht nicht, was Sie sagen
ce que* nous avons fait, c'était ...
was wir getan haben, war ...
ce dont il parle ne m'intéresse pas
was er erzählt, interessiert mich nicht
donne-lui **ce dont** il a besoin
gib ihm, was er braucht

*****ce que** wird zu **ce qu'** vor Vokalen:

savez-vous **ce qu'**il veut dire?
wissen Sie, was er meint?

Merke: **tout** $\begin{cases} \text{ce qui} \\ \text{ce que} \end{cases}$ = alles, was

z.B.: c'est tout **ce qui** reste
das ist alles, was übrig ist
c'est tout **ce que** je veux
das ist alles, was ich will

savoir zur Konjugation siehe UNREGELMÄSSIGE VERBEN

1. *(wissen)* **je sais qu'il habite à Londres** *ich weiß, daß er in London wohnt;* **je ne savais pas qu'il était rentré** *ich wußte nicht, daß er zurück ist*

2. *(können)* **il ne sait pas nager** *er kann nicht schwimmen;* **il sait du grec** *er kann etwas Griechisch*

3. **faire savoir: faites-moi savoir quand vous serez prêt** *geben Sie mir Bescheid, wenn Sie fertig sind*

se 1. *(reflexiv: sich)* **il se lave** *er wäscht sich;* **on peut se tromper** *man/jeder kann sich irren;* **allez, on se dépêche!** *los, wir müssen uns beeilen!;* siehe auch REFLEXIVE VERBEN

2. *(einander)* **ils se ressemblent** *sie sehen sich ähnlich*

3. *(unpersönlich)* **cela se répare très facilement** *das läßt sich/kann man ganz leicht reparieren;* **ça ne se dit pas** *das sagt man nicht*

ses siehe POSSESSIVPRONOMEN

si 1. *(wenn, falls)* **si vous voulez partir** *wenn Sie gehen wollen;* **si j'avais su ...** *wenn ich das gewußt hätte, ...;* **s'il veut y aller et qu'il fait beau ...** *wenn er da hingehen möchte und das Wetter schön ist ...;* beachte, daß die zweite Annahme nach 'et' nicht mit 'si', sondern mit 'que' eingeleitet wird!; siehe auch ZEITEN 2 (iii)
2. *(ob)* **je ne sais pas s'il est là** *ich weiß nicht, ob er da ist*
3. *(so)* **il était si malade que ...** *er war so krank, daß ...;* **une si belle auto** *so ein schönes Auto*
4. *(doch)* **vous ne venez pas? – si, j'arrive** *kommen Sie denn nicht mit? – doch, ich komme schon;* **vous n'en voulez pas? – mais si!** *möchten Sie nichts davon? – doch!/aber sicher!*

sien, son etc. siehe POSSESSIVPRONOMEN

soi 1. *(sich(selbst))* **ne penser qu'à soi** *nur an sich (selber) denken;* **avoir un peu d'argent sur soi** *etwas Geld bei sich haben*
2. cela va de soi *das versteht sich von selbst*
3. soi-même *sich selbst*

Steigerung

◆ Der Komparativ, die 1. Steigerungsstufe, wird gebildet, indem man dem Adjektiv oder Adverb **plus** oder **moins** voranstellt:
un événement **plus important** *ein wichtigeres Ereignis*
de **plus belles** histoires *schönere Geschichten*
une rue **moins bruyante** *eine nicht so befahrene Straße*
des repas **moins chers** *billigere Gerichte*
celui-là est **moins intéressant** *das (da) ist nicht so interessant*

STEIGERUNG

Im Vergleichssatz wird 'als' durch **que** ausgedrückt:
il est **plus grand que** moi *er ist größer als ich*
je cours **moins vite que** lui *ich laufe nicht so schnell wie/langsamer als er*

◆ Der Superlativ, die 2. Steigerungsstufe, wird gebildet, indem man dem Adjektiv **le/la/les plus** oder **le/la/les moins** voranstellt, bzw. dem Adverb **le plus/le moins**:
le garçon **le plus intelligent** *der intelligenteste Junge*
l'épicerie **la plus proche** *der nächste Lebensmittelladen*
les robes **les moins chères** *die billigsten Kleider*
elle court **le plus/le moins vite** *sie läuft am schnellsten/am langsamsten*

Merke:
1. Ob 'le plus', 'la plus' oder 'les plus' verwendet wird, hängt davon ab, ob das betreffende Substantiv männlich oder weiblich ist und im Singular oder Plural steht
2. Bei den vorangestellten Adjektiven gibt es zwei Möglichkeiten, den Superlativ zu bilden:
la plus belle fille *oder* la fille la plus belle
c'est mon plus cher souvenir *oder* c'est mon souvenir le plus cher
3. Nach dem Superlativ steht im Französischen **de, du** etc.
le plus grand pays **du** monde *das größte Land der/auf der Welt*; l'église la plus célèbre **de** Paris *die berühmteste Kirche in/von Paris*; siehe auch SUBJONCTIF

◆ *Unregelmäßige Steigerungsformen*
1. *Adjektive*

KOMPARATIV	SUPERLATIV
meilleur *besser*	le meilleur *der beste*
pire *schlechter*	le pire *der schlechteste*
moindre *geringer*	le moindre *der geringste*

2. Adverbien

ADVERB	KOMPARATIV	SUPERLATIV
beaucoup *viel*	plus *mehr*	le plus *am meisten*
bien *gut*	mieux *besser*	le mieux *am besten*
peu *wenig*	moins *weniger*	le moins *am wenigsten*

Subjonctif

Der Subjonctif Präsens der regelmäßigen Verben wird folgendermaßen gebildet:

<table>
<tr><td colspan="2" align="center">DONNER</td><td colspan="2" align="center">FINIR</td></tr>
<tr><td colspan="2" align="center">je donn**e**</td><td colspan="2" align="center">je finiss**e**</td></tr>
<tr><td colspan="2" align="center">tu donn**es**</td><td colspan="2" align="center">tu finiss**es**</td></tr>
<tr><td colspan="2" align="center">il/elle donn**e**</td><td colspan="2" align="center">il/elle finiss**e**</td></tr>
<tr><td colspan="2" align="center">nous donn**ions**</td><td colspan="2" align="center">nous finiss**ions**</td></tr>
<tr><td colspan="2" align="center">vous donn**iez**</td><td colspan="2" align="center">vous finiss**iez**</td></tr>
<tr><td colspan="2" align="center">ils/elles donn**ent**</td><td colspan="2" align="center">ils/elles finiss**ent**</td></tr>
</table>

VENDRE
je vend**e**
tu vend**es**
il/elle vend**e**
nous vend**ions**
vous vend**iez**
ils/elles vend**ent**

Die Formen von 'avoir' und 'être' sind unregelmäßig:

AVOIR	ÊTRE
j'aie	je sois
tu aies	tu sois
il/elle ait	il/elle soit
nous ayons	nous soyons
vous ayez	vous soyez
ils/elles aient	ils/elles soient

Der Subjonctif steht *automatisch* nach bestimmten Verben und Wendungen, meist in 'que'-Sätzen. Daneben drückt er den *persönlichen Standpunkt* des Sprechenden aus und steht daher nach Verben und Ausdrücken der *Willensäußerung* und des *Empfindens*.
Die wichtigsten Fälle für den Gebrauch des

Subjonctif sind im folgenden aufgeführt:
1. nach **bien que** ⎫
      quoique ⎬ *obwohl, obgleich*
      pour que ⎫
      afin que ⎬ *damit*
      jusqu'à ce que *bis*
      il faut que: il faut que vous partiez
      Sie müssen gehen
   Beispiele: bien qu'il **soit** malade
      obwohl er krank ist
      afin qu'il ne m'**entende** pas
      damit er mich nicht hört
2. nach Verben des Wünschens, Befürchtens etc.:
   voulez-vous que je **parte**?
   möchten Sie, daß ich abreise?
   il craint que vous ne **l'aimiez** pas
   er befürchtet, daß Sie ihn nicht lieben
3. nach Verben und Ausdrücken der persönlichen Empfindung:
   avoir honte que ... *sich (dafür) schämen, daß* ...
   être content que ... *sich (darüber) freuen, daß* ...
   regretter que ... *bedauern, daß* ...
4. nach Verben des Sagens und Denkens, die einen gewissen Zweifel oder eine Unsicherheit ausdrücken:
   je ne pense pas qu'il **vienne**
   ich glaube nicht, daß er kommt/kommen wird
5. nach einem Superlativ:
   c'est la plus belle ville que j'**aie** jamais vue
   es ist die schönste Stadt, die ich je gesehen habe
   Merke: Der Subjonctif entspricht **nicht** dem deutschen Konjunktiv und sollte daher auch nicht als solcher bezeichnet werden!

Superlativ siehe STEIGERUNG

ta siehe POSSESSIVPRONOMEN

tant 1. *(so viel)* il parle tant *er redet so viel*
   2. tant de ...: il boit tant de vin que ... *er trinkt*

so viel Wein, daß ...; **il lit tant de livres que ...** *er liest so viel, daß ...*

3. tant que: restez à la maison tant qu'il pleuvra *bleibt im Haus, solange es regnet;* Beachte den unterschiedlichen Gebrauch der ZEITEN: im Französischen Futur I, im Deutschen Präsens

te siehe PERSONALPRONOMEN

tellement 1. *(so viel/sehr etc.)* **il a tellement plu** *es hat so viel/sehr geregnet*
2. *(so)* **je suis tellement fatigué** *ich bin so müde*
3. tellement de: il y a tellement de monde *es sind so viele Leute da;* **il a perdu tellement de temps** *er hat so viel Zeit verloren;* **il y en a tellement que nous ne savons plus qu'en faire** *es sind so viele da, daß wir nicht mehr wissen, was wir damit machen sollen*

tes siehe POSSESSIVPRONOMEN

tien, ton siehe POSSESSIVPRONOMEN

tout, toute; tous, toutes 1. *(Adjektiv)* **il a mangé tout le fromage** *er hat den ganzen Käse aufgegessen;* **il a plu toute la journée** *es hat den ganzen Tag geregnet;* **tous les jours** *jeden Tag/täglich*
2. *(Pronomen)* **je les connais tous/toutes** *ich kenne sie alle;* **tout est prêt** *es ist alles fertig*
3. tout le monde *jeder/alle*
4. tout ce qui, tout ce que: tout ce qui est arrivé *alles, was geschehen ist;* **tout ce qu'il possède** *alles, was er besitzt;* **fais tout ce que tu veux** *tu alles, was du willst;* siehe auch SATZFORMEN
5. tout de suite *sofort/auf der Stelle*

très 1. *(sehr)* **il faisait très froid** *es war sehr kalt;* **il était très fâché** *er war sehr wütend;* **il avait très faim** *er hatte sehr großen Hunger;*

une mesure très critiquée *eine viel kritisierte Maßnahme*
2. très peu: **il a très peu de temps/d'amis** *er hat sehr wenig Zeit/sehr wenige Freunde*
Merke: **beaucoup** läßt sich nicht durch **très** verstärken!

trop 1. **trop de ...** *(zu viel(e))*: **il y a trop de monde** *es sind zu viele Leute da*; **il y a trop de bruit** *es ist zu laut/zu viel Lärm*; **il y a beaucoup trop d'erreurs** *es sind viel zu viele Fehler drin*
2. *(zu)* **c'est trop loin** *das ist zu weit*; **c'est trop cher** *das ist zu teuer*
3. *(zu viel/zu sehr)* **nous avons trop mangé** *wir haben zu viel gegessen*; **je l'ai trop aimé** *ich habe ihn zu sehr geliebt*
4. de trop: tu m'as donné 2 francs de trop *du hast mir 2 Francs zuviel gegeben*
5. en trop: nous avons de la rhubarbe en trop *wir haben zuviel Rhabarber*

tu siehe PERSONALPRONOMEN

Übereinstimmung siehe ADJEKTIVE, KONJUGATION DER VERBEN

Uhrzeit siehe ZEIT

Umstandswort siehe ADVERBIEN

un, une siehe ARTIKEL

unbestimmter Artikel siehe ARTIKEL

Unregelmäßige Verben Die Konjugation der regelmäßigen Verben wird unter dem Stichwort KONJUGATION erläutert, und zwar anhand von drei Beispielen ('donner' für die Verben auf '-er', 'finir' für die Verben auf '-ir' und 'vendre' für die Verben auf '-re'). Im folgenden sind die wichtigsten unregelmäßigen Verben mit ihrer Grundbedeutung und den Formen aller einfachen Zeiten aufgeführt (zu den zusammengesetzten Zeiten siehe KONJUGATION)

UNREGELMÄSSIGE VERBEN 77

abattre (*umlegen*) Konjugation wie **battre**

accueillir (*empfangen*) Konjugation wie **cueillir**

acquérir (*erwerben*) Konjugation mit 'avoir': j'ai acquis *etc.*

1. *PRÄSENS* j'acquiers, tu acquiers, il/elle acquiert, nous acquérons, vous acquérez, ils/elles acquièrent
2. *SUBJONCTIF PRÄSENS* j'acquière, tu acquières, il/elle acquière, nous acquérions, vous acquériez, ils/elles acquièrent
3. *IMPERFEKT* j'acquérais, tu acquérais, il/elle acquérait, nous acquérions, vous acquériez, ils/elles acquéraient
4. *PASSÉ SIMPLE* j'acquis, tu acquis, il/elle acquit, nous acquîmes, vous acquîtes, ils/elles acquirent
5. *FUTUR I* j'acquerrai, tu acquerras, il/elle acquerra, nous acquerrons, vous acquerrez, ils/elles acquerront
6. *KONDITIONAL I* j'acquerrais, tu acquerrais, il/elle acquerrait, nous acquerrions, vous acquerriez, ils/elles acquerraient
7. *PARTIZIP PERFEKT* acquis
8. *PARTIZIP PRÄSENS* acquérant

admettre (*zulassen*) Konjugation wie **mettre**

aller (*gehen*) Konjugation mit 'être': je suis allé *etc.*

1. *PRÄSENS* je vais, tu vas, il/elle va, nous allons, vous allez, ils/elles vont
2. *SUBJONCTIF PRÄSENS* j'aille, tu ailles, il/elle aille, nous allions, vous alliez, ils/elles aillent
3. *IMPERFEKT* j'allais, tu allais, il/elle allait, nous allions, vous alliez, ils/elles allaient
4. *PASSÉ SIMPLE* j'allai, tu allas, il/elle alla, nous allâmes, vous allâtes, ils/elles allèrent
5. *FUTUR I* j'irai, tu iras, il/elle ira, nous irons, vous irez, ils/elles iront
6. *KONDITIONAL I* j'irais, tu irais, il/elle irait, nous irions, vous iriez, ils/elles iraient

7. *PARTIZIP PERFEKT* allé
8. *PARTIZIP PRÄSENS* allant

apercevoir (*sehen*) Konjugation wie **recevoir**

apparaître (*erscheinen*) Konjugation wie **paraître**

appartenir (*gehören*) Konjugation wie **tenir**

apprendre (*lernen*) Konjugation wie **prendre**

s'asseoir (*sich setzen*) Konjugation mit 'être': je me suis assis *etc.*

1. *PRÄSENS* je m'assieds, tu t'assieds, il/elle s'assied, nous nous asseyons, vous vous asseyez, ils/elles s'asseyent *oder* s'assoient
2. *SUBJONCTIF PRÄSENS* je m'asseye, tu t'asseyes, il/elle s'asseye, nous nous asseyions, vous vous asseyiez, ils/elles s'asseyent
3. *IMPERFEKT* je m'asseyais, tu t'asseyais, il/elle s'asseyait, nous nous asseyions, vous vous asseyiez, ils/elles s'asseyaient
4. *PASSÉ SIMPLE* je m'assis, tu t'assis, il/elle s'assit, nous nous assîmes, vous vous assîtes, ils/elles s'assirent
5. *FUTUR I* je m'assiérai, tu t'assiéras, il/elle s'assiéra, nous nous assiérons, vous vous assiérez, ils/elles s'assiéront
6. *KONDITIONAL I* je m'assiérais, tu t'assiérais, il/elle s'assiérait, nous nous assiérions, vous vous assiériez, ils/elles s'assiéraient
7. *PARTIZIP PERFEKT* assis
8. *PARTIZIP PRÄSENS* s'asseyant

atteindre (*erreichen*) Konjugation wie **teindre**

avoir (*haben*) Konjugation mit 'avoir': j'ai eu *etc.*

1. *PRÄSENS* j'ai, tu as, il/elle a, nous avons, vous avez, ils/elles ont
2. *SUBJONCTIF PRÄSENS* j'aie, tu aies, il/elle ait, nous ayons, vous ayez, ils/elles aient
3. *IMPERFEKT* j'avais, tu avais, il/elle avait, nous avions, vous aviez, ils/elles avaient

UNREGELMÄSSIGE VERBEN 79

4. *PASSÉ SIMPLE* j'eus, tu eus, il/elle eut, nous eûmes, vous eûtes, ils/elles eurent

5. *FUTUR I* j'aurai, tu auras, il/elle aura, nous aurons, vous aurez, ils/elles auront

6. *KONDITIONAL I* j'aurais, tu aurais, il/elle aurait, nous aurions, vous auriez, ils/elles auraient

7. *PARTIZIP PERFEKT* eu

8. *PARTIZIP PRÄSENS* ayant

battre (*schlagen*) Konjugation mit 'avoir': j'ai battu *etc.*

1. *PRÄSENS* je bats, tu bats, il/elle bat, nous battons, vous battez, ils/elles battent

2. *SUBJONCTIF PRÄSENS* je batte, tu battes, il/elle batte, nous battions, vous battiez, ils/elles battent

3. *IMPERFEKT* je battais, tu battais, il/elle battait, nous battions, vous battiez, ils/elles battaient

4. *PASSÉ SIMPLE* je battis, tu battis, il/elle battit, nous battîmes, vous battîtes, ils/elles battirent

5. *FUTUR I* je battrai, tu battras, il/elle battra, nous battrons, vous battrez, ils/elles battront

6. *KONDITIONAL I* je battrais, tu battrais, il/elle battrait, nous battrions, vous battriez, ils/elles battraient

7. *PARTIZIP PERFEKT* battu

8. *PARTIZIP PRÄSENS* battant

boire (*trinken*) Konjugation mit 'avoir': j'ai bu *etc.*

1. *PRÄSENS* je bois, tu bois, il/elle boit, nous buvons, vous buvez, ils/elles boivent

2. *SUBJONCTIF PRÄSENS* je boive, tu boives, il/elle boive, nous buvions, vous buviez, ils/elles boivent

3. *IMPERFEKT* je buvais, tu buvais, il/elle buvait, nous buvions, vous buviez, ils/elles buvaient

4. *PASSÉ SIMPLE* je bus, tu bus, il/elle but, nous bûmes, vous bûtes, ils/elles burent

5. *FUTUR I* je boirai, tu boiras, il/elle boira, nous boirons, vous boirez, ils/elles boiront

6. *KONDITIONAL I* je boirais, tu boirais, il/elle boirait, nous boirions, vous boiriez, ils/elles boiraient

7. *PARTIZIP PERFEKT* bu

8. *PARTIZIP PRÄSENS* buvant

bouillir (*kochen*) Konjugation mit 'avoir': j'ai bouilli *etc.*

1. *PRÄSENS* je bous, tu bous, il/elle bout, nous bouillons, vous bouillez, ils/elles bouillent

2. *SUBJONCTIF PRÄSENS* je bouille, tu bouilles, il/elle bouille, nous bouillions, vous bouilliez, ils/elles bouillent

3. *IMPERFEKT* je bouillais, tu bouillais, il/elle bouillait, nous bouillions, vous bouilliez, ils/elles bouillaient

4. *PASSÉ SIMPLE* je bouillis, tu bouillis, il/elle bouillit, nous bouillîmes, vous bouillîtes, ils/elles bouillirent

5. *FUTUR I* je bouillirai, tu bouilliras, il/elle bouillira, nous bouillirons, vous bouillirez, ils/elles bouilliront

6. *KONDITIONAL I* je bouillirais, tu bouillirais, il/elle bouillirait, nous bouillirions, vous bouilliriez, ils/elles bouilliraient

7. *PARTIZIP PERFEKT* bouilli

8. *PARTIZIP PRÄSENS* bouillant

commettre (*begehen*) Konjugation wie **mettre**

comprendre (*begreifen*) Konjugation wie **prendre**

conclure ((*be*)*schließen*) Konjugation mit 'avoir': j'ai conclu *etc.*

1. *PRÄSENS* je conclus, tu conclus, il/elle conclut, nous concluons, vous concluez, ils/elles concluent

2. *SUBJONCTIF PRÄSENS* je conclue, tu conclues, il/elle conclue, nous concluions, vous concluiez, ils/elles concluent

3. *IMPERFEKT* je concluais, tu concluais, il/elle concluait, nous concluions, vous concluiez, ils/elles concluaient

UNREGELMÄSSIGE VERBEN 81

4. *PASSÉ SIMPLE* je conclus, tu conclus, il/elle conclut, nous conclûmes, vous conclûtes, ils/elles conclurent

5. *FUTUR I* je conclurai, tu concluras, il/elle conclura, nous conclurons, vous conclurez, ils/elles concluront

6. *KONDITIONAL I* je conclurais, tu conclurais, il/elle conclurait, nous conclurions, vous concluriez, ils/elles concluraient

7. *PARTIZIP PERFEKT* conclu

8. *PARTIZIP PRÄSENS* concluant

conduire (*führen*) Konjugation wie **cuire**

connaître (*kennen*) Konjugation mit 'avoir': j'ai connu *etc.*

1. *PRÄSENS* je connais, tu connais, il/elle connaît, nous connaissons, vous connaissez, ils/elles connaissent

2. *SUBJONCTIF PRÄSENS* je connaisse, tu connaisses, il/elle connaisse, nous connaissions, vous connaissiez, ils/elles connaissent

3. *IMPERFEKT* je connaissais, tu connaissais, il/elle connaissait, nous connaissions, vous connaissiez, ils/elles connaissaient

4. *PASSÉ SIMPLE* je connus, tu connus, il/elle connut, nous connûmes, vous connûtes, ils/elles connurent

5. *FUTUR I* je connaîtrai, tu connaîtras, il/elle connaîtra, nous connaîtrons, vous connaîtrez, ils/elles connaîtront

6. *KONDITIONAL I* je connaîtrais, tu connaîtrais, il/elle connaîtrait, nous connaîtrions, vous connaîtriez, ils/elles connaîtraient

7. *PARTIZIP PERFEKT* connu

8. *PARTIZIP PRÄSENS* connaissant

consentir (*zustimmen*) Konjugation wie **sentir**

construire (*bauen*) Konjugation wie **cuire**

convaincre (*überzeugen*) Konjugation wie **vaincre**

UNREGELMÄSSIGE VERBEN

convenir (*übereinstimmen*) Konjugation wie **venir**, aber mit 'avoir': j'ai convenu *etc.*

coudre (*nähen*) Konjugation mit 'avoir': j'ai cousu *etc.*

1. *PRÄSENS* je couds, tu couds, il/elle coud, nous cousons, vous cousez, ils/elles cousent
2. *SUBJONCTIF PRÄSENS* je couse, tu couses, il/elle couse, nous cousions, vous cousiez, ils/elles cousent
3. *IMPERFEKT* je cousais, tu cousais, il/elle cousait, nous cousions, vous cousiez, ils/elles cousaient
4. *PASSÉ SIMPLE* je cousis, tu cousis, il/elle cousit, nous cousîmes, vous cousîtes, ils/elles cousirent
5. *FUTUR I* je coudrai, tu coudras, il/elle coudra, nous coudrons, vous coudrez, ils/elles coudront
6. *KONDITIONAL I* je coudrais, tu coudrais, il/elle coudrait, nous coudrions, vous coudriez, ils/elles coudraient
7. *PARTIZIP PERFEKT* cousu
8. *PARTIZIP PRÄSENS* cousant

courir (*laufen*) Konjugation mit 'avoir': j'ai couru *etc.*

1. *PRÄSENS* je cours, tu cours, il/elle court, nous courons, vous courez, ils/elles courent
2. *SUBJONCTIF PRÄSENS* je coure, tu coures, il/elle coure, nous courions, vous couriez, ils/elles courent
3. *IMPERFEKT* je courais, tu courais, il/elle courait, nous courions, vous couriez, ils/elles couraient
4. *PASSÉ SIMPLE* je courus, tu courus, il/elle courut, nous courûmes, vous courûtes, ils/elles coururent
5. *FUTUR I* je courrai, tu courras, il/elle courra, nous courrons, vous courrez, ils/elles courront
6. *KONDITIONAL I* je courrais, tu courrais, il/elle courrait, nous courrions, vous courriez, ils/elles courraient
7. *PARTIZIP PERFEKT* couru

UNREGELMÄSSIGE VERBEN

8. *PARTIZIP PRÄSENS* courant

couvrir (*(be)decken*) Konjugation mit 'avoir': j'ai couvert *etc.*

1. *PRÄSENS* je couvre, tu couvres, il/elle couvre, nous couvrons, vous couvrez, ils/elles couvrent
2. *SUBJONCTIF PRÄSENS* je couvre, tu couvres, il/elle couvre, nous couvrions, vous couvriez, ils/elles couvrent
3. *IMPERFEKT* je couvrais, tu couvrais, il/elle couvrait, nous couvrions, vous couvriez, ils/elles couvraient
4. *PASSÉ SIMPLE* je couvris, tu couvris, il/elle couvrit, nous couvrîmes, vous couvrîtes, ils/elles couvrirent
5. *FUTUR I* je couvrirai, tu couvriras, il/elle couvrira, nous couvrirons, vous couvrirez, ils/elles couvriront
6. *KONDITIONAL I* je couvrirais, tu couvrirais, il/elle couvrirait, nous couvririons, vous couvririez, ils/elles couvriraient
7. *PARTIZIP PERFEKT* couvert
8. *PARTIZIP PRÄSENS* couvrant

craindre (*fürchten*) Konjugation mit 'avoir': j'ai craint *etc.*

1. *PRÄSENS* je crains, tu crains, il/elle craint, nous craignons, vous craignez, ils/elles craignent
2. *SUBJONCTIF PRÄSENS* je craigne, tu craignes, il/elle craigne, nous craignions, vous craigniez, ils/elles craignent
3. *IMPERFEKT* je craignais, tu craignais, il/elle craignait, nous craignions, vous craigniez, ils/elles craignaient
4. *PASSÉ SIMPLE* je craignis, tu craignis, il/elle craignit, nous craignîmes, vous craignîtes, ils/elles craignirent
5. *FUTUR I* je craindrai, tu craindras, il/elle craindra, nous craindrons, vous craindrez, ils/elles craindront
6. *KONDITIONAL I* je craindrais, tu craindrais,

il/elle craindrait, nous craindrions, vous craindriez, ils/elles craindraient

7. *PARTIZIP PERFEKT* craint

8. *PARTIZIP PRÄSENS* craignant

crier (*rufen*) Konjugation ist regelmäßig, mit Ausnahme folgender Formen:

2. *SUBJONCTIF PRÄSENS* je crie, tu cries, il/elle crie, nous criions, vous criiez, ils/elles crient

3. *IMPERFEKT* je criais, tu criais, il/elle criait, nous criions, vous criiez, ils/elles criaient

5. *FUTUR I* je crierai *etc.*

croire (*glauben*) Konjugation mit 'avoir': j'ai cru *etc.*

1. *PRÄSENS* je crois, tu crois, il/elle croit, nous croyons, vous croyez, ils/elles croient

2. *SUBJONCTIF PRÄSENS* je croie, tu croies, il/elle croie, nous croyions, vous croyiez, ils/elles croient

3. *IMPERFEKT* je croyais, tu croyais, il/elle croyait, nous croyions, vous croyiez, ils/elles croyaient

4. *PASSÉ SIMPLE* je crus, tu crus, il/elle crut, nous crûmes, vous crûtes, ils/elles crurent

5. *FUTUR I* je croirai, tu croiras, il/elle croira, nous croirons, vous croirez, ils/elles croiront

6. *KONDITIONAL I* je croirais, tu croirais, il/elle croirait, nous croirions, vous croiriez, ils/elles croiraient

7. *PARTIZIP PERFEKT* cru

8. *PARTIZIP PRÄSENS* croyant

croître (*wachsen*) Konjugation mit 'avoir': j'ai crû *etc.*

1. *PRÄSENS* je croîs, tu croîs, il/elle croît, nous croissons, vous croissez, ils/elles croissent

2. *SUBJONCTIF PRÄSENS* je croisse, tu croisses, il/elle croisse, nous croissions, vous croissiez, ils/elles croissent

3. *IMPERFEKT* je croissais, tu croissais, il/elle croissait, nous croissions, vous croissiez, ils/elles croissaient

UNREGELMÄSSIGE VERBEN

4. *PASSÉ SIMPLE* je crûs, tu crûs, il/elle crût, nous crûmes, vous crûtes, ils/elles crûrent

5. *FUTUR I* je croîtrai, tu croîtras, il/elle croîtra, nous croîtrons, vous croîtrez, ils/elles croîtront

6. *KONDITIONAL I* je croîtrais, tu croîtrais, il/elle croîtrait, nous croîtrions, vous croîtriez, ils/elles croîtraient

7. *PARTIZIP PERFEKT* crû

8. *PARTIZIP PRÄSENS* croissant

cueillir (*pflücken*) Konjugation mit 'avoir': j'ai cueilli *etc.*

1. *PRÄSENS* je cueille, tu cueilles, il/elle cueille, nous cueillons, vous cueillez, ils/elles cueillent

2. *SUBJONCTIF PRÄSENS* je cueille, tu cueilles, il/elle cueille, nous cueillions, vous cueilliez, ils/elles cueillent

3. *IMPERFEKT* je cueillais, tu cueillais, il/elle cueillait, nous cueillions, vous cueilliez, ils/elles cueillaient

4. *PASSÉ SIMPLE* je cueillis, tu cueillis, il/elle cueillit, nous cueillîmes, vous cueillîtes, ils/elles cueillirent

5. *FUTUR I* je cueillerai, tu cueilleras, il/elle cueillera, nous cueillerons, vous cueillerez, ils/elles cueilleront

6. *KONDITIONAL I* je cueillerais, tu cueillerais, il/elle cueillerait, nous cueillerions, vous cueilleriez, ils/elles cueilleraient

7. *PARTIZIP PERFEKT* cueilli

8. *PARTIZIP PRÄSENS* cueillant

cuire (*kochen*) Konjugation mit 'avoir': j'ai cuit *etc.*

1. *PRÄSENS* je cuis, tu cuis, il/elle cuit, nous cuisons, vous cuisez, ils/elles cuisent

2. *SUBJONCTIF PRÄSENS* je cuise, tu cuises, il/elle cuise, nous cuisions, vous cuisiez, ils/elles cuisent

3. *IMPERFEKT* je cuisais, tu cuisais, il/elle cuisait, nous cuisions, vous cuisiez, ils/elles cuisaient

UNREGELMÄSSIGE VERBEN

4. *PASSÉ SIMPLE* je cuisis, tu cuisis, il/elle cuisit, nous cuisîmes, vous cuisîtes, ils/elles cuisirent

5. *FUTUR I* je cuirai, tu cuiras, il/elle cuira, nous cuirons, vous cuirez, ils/elles cuiront

6. *KONDITIONAL I* je cuirais, tu cuirais, il/elle cuirait, nous cuirions, vous cuiriez, ils/elles cuiraient

7. *PARTIZIP PERFEKT* cuit

8. *PARTIZIP PRÄSENS* cuisant

décevoir (*enttäuschen*) Konjugation wie **recevoir**

découvrir (*entdecken*) Konjugation wie **couvrir**

décrire (*beschreiben*) Konjugation wie **écrire**

décroître (*abnehmen*) Konjugation mit 'avoir': j'ai décru *etc.*

1. *PRÄSENS* je décrois, tu décrois, il/elle décroit, nous décroissons, vous décroissez, ils/elles décroissent

2. *SUBJONCTIF PRÄSENS* je décroisse, tu décroisses, il/elle décroisse, nous décroissions, vous décroissiez, ils/elles décroissent

3. *IMPERFEKT* je décroissais, tu décroissais, il/elle décroissait, nous décroissions, vous décroissiez, ils/elles décroissaient

4. *PASSÉ SIMPLE* je décrus, tu décrus, il/elle décrut, nous décrûmes, vous décrûtes, ils/elles décrurent

5. *FUTUR I* je décroîtrai, tu décroîtras, il/elle décroîtra, nous décroîtrons, vous décroîtrez, ils/elles décroîtront

6. *KONDITIONAL I* je décroîtrais, tu décroîtrais, il/elle décroîtrait, nous décroîtrions, vous décroîtriez, ils/elles décroîtraient

7. *PARTIZIP PERFEKT* décru

8. *PARTIZIP PRÄSENS* décroissant

détruire (*zerstören*) Konjugation wie **cuire**

devenir (*werden*) Konjugation wie **venir**

devoir (*müssen; schulden*) Konjugation mit 'avoir': j'ai dû *etc.*

1. *PRÄSENS* je dois, tu dois, il/elle doit, nous devons, vous devez, ils/elles doivent
2. *SUBJONCTIF PRÄSENS* je doive, tu doives, il/elle doive, nous devions, vous deviez, ils/elles doivent
3. *IMPERFEKT* je devais, tu devais, il/elle devait, nous devions, vous deviez, ils/elles devaient
4. *PASSÉ SIMPLE* je dus, tu dus, il/elle dut, nous dûmes, vous dûtes, ils/elles durent
5. *FUTUR I* je devrai, tu devras, il/elle devra, nous devrons, vous devrez, ils/elles devront
6. *KONDITIONAL I* je devrais, tu devrais, il/elle devrait, nous devrions, vous devriez, ils/elles devraient
7. *PARTIZIP PERFEKT* dû
8. *PARTIZIP PRÄSENS* devant

dire (*sagen*) Konjugation mit 'avoir': j'ai dit *etc.*

1. *PRÄSENS* je dis, tu dis, il/elle dit, nous disons, vous dites, ils/elles disent
2. *SUBJONCTIF PRÄSENS* je dise, tu dises, il/elle dise, nous disions, vous disiez, ils/elles disent
3. *IMPERFEKT* je disais, tu disais, il/elle disait, nous disions, vous disiez, ils/elles disaient
4. *PASSÉ SIMPLE* je dis, tu dis, il/elle dit, nous dîmes, vous dîtes, ils/elles dirent
5. *FUTUR I* je dirai, tu diras, il/elle dira, nous dirons, vous direz, ils/elles diront
6. *KONDITIONAL I* je dirais, tu dirais, il/elle dirait, nous dirions, vous diriez, ils/elles diraient
7. *PARTIZIP PERFEKT* dit
8. *PARTIZIP PRÄSENS* disant

disparaître (*verschwinden*) Konjugation wie **paraître**

dormir (*schlafen*) Konjugation mit 'avoir': j'ai dormi *etc.*

1. *PRÄSENS* je dors, tu dors, il/elle dort, nous dormons, vous dormez, ils/elles dorment
2. *SUBJONCTIF PRÄSENS* je dorme, tu dormes,

il/elle dort, nous dormons, vous dormez, ils/elles dorment

3. *IMPERFEKT* je dormais, tu dormais, il/elle dormait, nous dormions, vous dormiez, ils/elles dormaient

4. *PASSÉ SIMPLE* je dormis, tu dormis, il/elle dormit, nous dormîmes, vous dormîtes, ils/elles dormirent

5. *FUTUR I* je dormirai, tu dormiras, il/elle dormira, nous dormirons, vous dormirez, ils/elles dormiront

6. *KONDITIONAL I* je dormirais, tu dormirais, il/elle dormirait, nous dormirions, vous dormiriez, ils/elles dormiraient

7. *PARTIZIP PERFEKT* dormi
8. *PARTIZIP PRÄSENS* dormant

écrire (*schreiben*) Konjugation mit 'avoir': j'ai écrit *etc.*

1. *PRÄSENS* j'écris, tu écris, il/elle écrit, nous écrivons, vous écrivez, ils/elles écrivent

2. *SUBJONCTIF PRÄSENS* j'écrive, tu écrives, il/elle écrive, nous écrivions, vous écriviez, ils/elles écrivent

3. *IMPERFEKT* j'écrivais, tu écrivais, il/elle écrivait, nous écrivions, vous écriviez, ils/elles écrivaient

4. *PASSÉ SIMPLE* j'écrivis, tu écrivis, il/elle écrivit, nous écrivîmes, vous écrivîtes, ils/elles écrivirent

5. *FUTUR I* j'écrirai, tu écriras, il/elle écrira, nous écrirons, vous écrirez, ils/elles écriront

6. *KONDITIONAL I* j'écrirais, tu écrirais, il/elle écrirait, nous écririons, vous écririez, ils/elles écriraient

7. *PARTIZIP PERFEKT* écrit
8. *PARTIZIP PRÄSENS* écrivant

entreprendre (*unternehmen*) Konjugation wie **prendre**

entretenir (*unterhalten*) Konjugation wie **tenir**

UNREGELMÄSSIGE VERBEN

entrevoir (*erkennen*) Konjugation wie **voir**

envoyer (*schicken*) Konjugation mit 'avoir': j'ai envoyé *etc*.

1. *PRÄSENS* j'envoie, tu envoies, il/elle envoie, nous envoyons, vous envoyez, ils/elles envoient
2. *SUBJONCTIF PRÄSENS* j'envoie, tu envoies, il/elle envoie, nous envoyions, vous envoyiez, ils/elles envoient
3. *IMPERFEKT* j'envoyais, tu envoyais, il/elle envoyait, nous envoyions, vous envoyiez, ils/elles envoyaient
4. *PASSÉ SIMPLE* j'envoyai, tu envoyas, il/elle envoya, nous envoyâmes, vous envoyâtes, ils/elles envoyèrent
5. *FUTUR I* j'enverrai, tu enverras, il/elle enverra, nous enverrons, vous enverrez, ils/elles enverront
6. *KONDITIONAL I* j'enverrais, tu enverrais, il/elle enverrait, nous enverrions, vous enverriez, ils/elles enverraient
7. *PARTIZIP PERFEKT* envoyé
8. *PARTIZIP PRÄSENS* envoyant

éteindre (*ausschalten, löschen*) Konjugation wie **teindre**

être (*sein*) Konjugation mit 'avoir': j'ai été *etc*.

1. *PRÄSENS* je suis, tu es, il/elle est, nous sommes, vous êtes, ils/elles sont
2. *SUBJONCTIF PRÄSENS* je sois, tu sois, il/elle soit, nous soyons, vous soyez, ils/elles soient
3. *IMPERFEKT* j'étais, tu étais, il/elle était, nous étions, vous étiez, ils/elles étaient
4. *PASSÉ SIMPLE* je fus, tu fus, il/elle fut, nous fûmes, vous fûtes, ils/elles furent
5. *FUTUR I* je serai, tu seras, il/elle sera, nous serons, vous serez, ils/elles seront
6. *KONDITIONAL I* je serais, tu serais, il/elle serait, nous serions, vous seriez, ils/elles seraient
7. *PARTIZIP PERFEKT* été
8. *PARTIZIP PRÄSENS* étant

exclure (*ausschließen*) Konjugation wie **conclure**

extraire (*entziehen*) Konjugation mit 'avoir': j'ai extrait *etc*.
1. *PRÄSENS* j'extrais, tu extrais, il/elle extrait, nous extrayons, vous extrayez, ils/elles extraient
2. *SUBJONCTIF PRÄSENS* j'extraie, tu extraies, il/elle extraie, nous extrayions, vous extrayiez, ils/elles extraient
3. *IMPERFEKT* j'extrayais, tu extrayais, il/elle extrayait, nous extrayions, vous extrayiez, ils/elles extrayaient
4. *PASSÉ SIMPLE ungebräuchlich*
5. *FUTUR I* j'extrairai, tu extrairas, il/elle extraira, nous extrairons, vous extrairez, ils/elles extrairont
6. *KONDITIONAL I* j'extrairais, tu extrairais, il/elle extrairait, nous extrairions, vous extrairiez, ils/elles extrairaient
7. *PARTIZIP PERFEKT* extrait
8. *PARTIZIP PRÄSENS* extrayant

faillir in der Bedeutung von 'beinahe, fast ...' Gebrauch nur im Perfekt: j'ai failli tomber, tu as failli tomber *etc*.
in der Bedeutung von 'scheitern' ist die Konjugation wie bei 'finir' (regelmäßig, siehe KONJUGATION): je faillis à ma tâche, nous faillissons *etc*.

faire (*machen, tun*) Konjugation mit 'avoir': j'ai fait *etc*.
1. *PRÄSENS* je fais, tu fais, il/elle fait, nous faisons, vous faites, ils/elles font
2. *SUBJONCTIF PRÄSENS* je fasse, tu fasses, il/elle fasse, nous fassions, vous fassiez, ils/elles fassent
3. *IMPERFEKT* je faisais, tu faisais, il/elle faisait, nous faisions, vous faisiez, ils/elles faisaient
4. *PASSÉ SIMPLE* je fis, tu fis, il/elle fit, nous fîmes, vous fîtes, ils/elles firent
5. *FUTUR I* je ferai, tu feras, il/elle fera, nous

ferons, vous ferez, ils/elles feront
6. *KONDITIONAL I* je ferais, tu ferais, il/elle ferait, nous ferions, vous feriez, ils/elles feraient
7. *PARTIZIP PERFEKT* fait
8. *PARTIZIP PRÄSENS* faisant

falloir (*müssen*) unpersönlich, kommt nur in der 3. Person Singular vor; Konjugation mit 'avoir': il a fallu *etc.*
1. *PRÄSENS* il faut
2. *SUBJONCTIF PRÄSENS* il faille
3. *IMPERFEKT* il fallait
4. *PASSÉ SIMPLE* il fallut
5. *FUTUR I* il faudra
6. *KONDITIONAL I* il faudrait
7. *PARTIZIP PERFEKT* fallu
8. *PARTIZIP PRÄSENS* ungebräuchlich

feindre (*vorgeben*) Konjugation wie **teindre**

fuir (*fliehen*) Konjugation mit 'avoir': j'ai fui *etc.*
1. *PRÄSENS* je fuis, tu fuis, il/elle fuit, nous fuyons, vous fuyez, ils/elles fuient
2. *SUBJONCTIF PRÄSENS* je fuie, tu fuies, il/elle fuie, nous fuyions, vous fuyiez, ils/elles fuient
3. *IMPERFEKT* je fuyais, tu fuyais, il/elle fuyait, nous fuyions, vous fuyiez, ils/elles fuyaient
4. *PASSÉ SIMPLE* je fuis, tu fuis, il/elle fuit, nous fuîmes, vous fuîtes, ils/elles fuirent
5. *FUTUR I* je fuirai, tu fuiras, il/elle fuira, nous fuirons, vous fuirez, ils/elles fuiront
6. *KONDITIONAL I* je fuirais, tu fuirais, il/elle fuirait, nous fuirions, vous fuiriez, ils/elles fuiraient
7. *PARTIZIP PERFEKT* fui
8. *PARTIZIP PRÄSENS* fuyant

haïr (*hassen*) Konjugation mit 'avoir': j'ai haï *etc.*
1. *PRÄSENS* je hais, tu hais, il/elle hait, nous haïssons, vous haïssez, ils/elles haïssent
2. *SUBJONCTIF PRÄSENS* je haïsse, tu haïsses, il/elle haïsse, nous haïssions, vous haïssiez,

ils/elles haïssent
3. *IMPERFEKT* je haïssais, tu haïssais, il/elle haïssait, nous haïssions, vous haïssiez, ils/elles haïssaient
4. *PASSÉ SIMPLE* je haïs, tu haïs, il/elle haït, nous haïmes, vous haïtes, ils/elles haïrent
5. *FUTUR I* je haïrai, tu haïras, il/elle haïra, nous haïrons, vous haïrez, ils/elles haïront
6. *KONDITIONAL I* je haïrais, tu haïrais, il/elle haïrait, nous haïrions, vous haïriez, ils/elles haïraient
7. *PARTIZIP PERFEKT* haï
8. *PARTIZIP PRÄSENS* haïssant

inclure (*einschließen*) Konjugation wie **conclure**, mit folgender Ausnahme:
7. *PARTIZIP PERFEKT* inclus

inscrire (*einschreiben*) Konjugation wie **écrire**

instruire (*lehren*) Konjugation wie **cuire**

interdire (*verbieten*) Konjugation wie **dire**, mit Ausnahme folgender Form:
1. *PRÄSENS* vous interdisez

introduire (*einführen*) Konjugation wie **cuire**

joindre (*verbinden*) Konjugation mit 'avoir': j'ai joint *etc.*
1. *PRÄSENS* je joins, tu joins, il/elle joint, nous joignons, vous joignez, ils/elles joignent
2. *SUBJONCTIF PRÄSENS* je joigne, tu joignes, il/elle joigne, nous joignions, vous joigniez, ils/elles joignent
3. *IMPERFEKT* je joignais, tu joignais, il/elle joignait, nous joignions, vous joigniez, ils/elles joignaient
4. *PASSÉ SIMPLE* je joignis, tu joignis, il/elle joignit, nous joignîmes, vous joignîtes, ils/elles joignirent
5. *FUTUR I* je joindrai, tu joindras, il/elle joindra, nous joindrons, vous joindrez, ils/elles joindront

UNREGELMÄSSIGE VERBEN 93

6. *KONDITIONAL I* je joindrais, tu joindrais, il/elle joindrait, nous joindrions, vous joindriez, ils/elles joindraient
7. *PARTIZIP PERFEKT* joint
8. *PARTIZIP PRÄSENS* joignant

lire (*lesen*) Konjugation mit 'avoir': j'ai lu *etc.*
1. *PRÄSENS* je lis, tu lis, il/elle lit, nous lisons, vous lisez, ils/elles lisent
2. *SUBJONCTIF PRÄSENS* je lise, tu lises, il/elle lise, nous lisions, vous lisiez, ils/elles lisent
3. *IMPERFEKT* je lisais, tu lisais, il/elle lisait, nous lisions, vous lisiez, ils/elles lisaient
4. *PASSÉ SIMPLE* je lus, tu lus, il/elle lut, nous lûmes, vous lûtes, ils/elles lurent
5. *FUTUR I* je lirai, tu liras, il/elle lira, nous lirons, vous lirez, ils/elles liront
6. *KONDITIONAL I* je lirais, tu lirais, il/elle lirait, nous lirions, vous liriez, ils/elles liraient
7. *PARTIZIP PERFEKT* lu
8. *PARTIZIP PRÄSENS* lisant

luire (*leuchten*) Konjugation wie **cuire,** mit folgender Ausnahme:
7. *PARTIZIP PERFEKT* lui

maintenir (*(er)halten*) Konjugation wie **tenir**

mentir (*lügen*) Konjugation wie **sentir**

mettre (*setzen, stellen, legen*) Konjugation mit 'avoir': j'ai mis *etc.*
1. *PRÄSENS* je mets, tu mets, il/elle met, nous mettons, vous mettez, ils/elles mettent
2. *SUBJONCTIF PRÄSENS* je mette, tu mettes, il/elle mette, nous mettions, vous mettiez, ils/elles mettent
3. *IMPERFEKT* je mettais, tu mettais, il/elle mettait, nous mettions, vous mettiez, ils/elles mettaient
4. *PASSÉ SIMPLE* je mis, tu mis, il/elle mit, nous mîmes, vous mîtes, ils/elles mirent
5. *FUTUR I* je mettrai, tu mettras, il/elle mettra,

nous mettrons, vous mettrez, ils/elles mettront

6. *KONDITIONAL I* je mettrais, tu mettrais, il/elle mettrait, nous mettrions, vous mettriez, ils/elles mettraient

7. *PARTIZIP PERFEKT* mis

8. *PARTIZIP PRÄSENS* mettant

mordre (*beißen*) Konjugation mit 'avoir': j'ai mordu *etc.*

1. *PRÄSENS* je mords, tu mords, il/elle mord, nous mordons, vous mordez, ils/elles mordent

2. *SUBJONCTIF PRÄSENS* je morde, tu mordes, il/elle morde, nous mordions, vous mordiez, ils/elles mordent

3. *IMPERFEKT* je mordais, tu mordais, il/elle mordait, nous mordions, vous mordiez, ils/elles mordaient

4. *PASSÉ SIMPLE* je mordis, tu mordis, il/elle mordit, nous mordîmes, vous mordîtes, ils/elles mordirent

5. *FUTUR I* je mordrai, tu mordras, il/elle mordra, nous mordrons, vous mordrez, ils/elles mordront

6. *KONDITIONAL I* je mordrais, tu mordrais, il/elle mordrait, nous mordrions, vous mordriez, ils/elles mordraient

7. *PARTIZIP PERFEKT* mordu

8. *PARTIZIP PRÄSENS* mordant

mourir (*sterben*) Konjugation mit 'être': je suis mort *etc.*

1. *PRÄSENS* je meurs, tu meurs, il/elle meurt, nous mourons, vous mourez, ils/elles meurent

2. *SUBJONCTIF PRÄSENS* je meure, tu meures, il/elle meure, nous mourions, vous mouriez, ils/elles meurent

3. *IMPERFEKT* je mourais, tu mourais, il/elle mourait, nous mourions, vous mouriez, ils/elles mouraient

4. *PASSÉ SIMPLE* je mourus, tu mourus, il/elle mourut, nous mourûmes, vous mourûtes, ils/elles moururent

5. *FUTUR I* je mourrai, tu mourras, il/elle mourra, nous mourrons, vous mourrez, ils/elles mourront

6. *KONDITIONAL I* je mourrais, tu mourrais, il/elle mourrait, nous mourrions, vous mourriez, ils/elles mourraient

7. *PARTIZIP PERFEKT* mort

8. *PARTIZIP PRÄSENS* mourant

se mouvoir (*sich bewegen*) Konjugation mit 'être': je me suis mû *etc.*

1. *PRÄSENS* je me meus, tu te meus, il/elle se meut, nous nous mouvons, vous vous mouvez, ils/elles se meuvent

2. *SUBJONCTIF PRÄSENS* je me meuve, tu te meuves, il/elle se meuve, nous nous mouvions, vous vous mouviez, ils/elles se meuvent

3. *IMPERFEKT* je me mouvais, tu te mouvais, il/elle se mouvait, nous nous mouvions, vous vous mouviez, ils/elles se mouvaient

4. *PASSÉ SIMPLE* je me mus, tu te mus, il/elle se mut, nous nous mûmes, vous vous mûtes, ils/elles se murent

5. *FUTUR I* je me mouvrai, tu te mouvras, il/elle se mouvra, nous nous mouvrons, vous vous mouvrez, ils/elles se mouvront

6. *KONDITIONAL I* je me mouvrais, tu te mouvrais, il/elle se mouvrait, nous nous mouvrions, vous vous mouvriez, ils/elles se mouvraient

7. *PARTIZIP PERFEKT* mû

8. *PARTIZIP PRÄSENS* se mouvant

naître (*geboren werden*) Konjugation mit 'être': je suis né *etc.*

1. *PRÄSENS* je nais, tu nais, il/elle naît, nous naissons, vous naissez, ils/elles naissent

2. *SUBJONCTIF PRÄSENS* je naisse, tu naisses, il/elle naisse, nous naissions, vous naissiez, ils/elles naissent

3. *IMPERFEKT* je naissais, tu naissais, il/elle

naissait, nous naissions, vous naissiez, ils/elles naissaient

4. *PASSÉ SIMPLE* je naquis, tu naquis, il/elle naquit, nous naquîmes, vous naquîtes, ils/elles naquirent

5. *FUTUR I* je naîtrai, tu naîtras, il/elle naîtra, nous naîtrons, vous naîtrez, ils/elles naîtront

6. *KONDITIONAL I* je naîtrais, tu naîtrais, il/elle naîtrait, nous naîtrions, vous naîtriez, ils/elles naîtraient

7. *PARTIZIP PERFEKT* né

8. *PARTIZIP PRÄSENS* naissant

nuire (*schaden*) Konjugation wie **cuire**, mit folgender Ausnahme:
7. *PARTIZIP PERFEKT* nui

obtenir (*erhalten*) Konjugation wie **tenir**

offrir (*(an)bieten*) Konjugation mit 'avoir': j'ai offert *etc.*

1. *PRÄSENS* j'offre, tu offres, il/elle offre, nous offrons, vous offrez, ils/elles offrent

2. *SUBJONCTIF PRÄSENS* j'offre, tu offres, il/elle offre, nous offrions, vous offriez, ils/elles offrent

3. *IMPERFEKT* j'offrais, tu offrais, il/elle offrait, nous offrions, vous offriez, ils/elles offraient

4. *PASSÉ SIMPLE* j'offris, tu offris, il/elle offrit, nous offrîmes, vous offrîtes, ils/elles offrirent

5. *FUTUR I* j'offrirai, tu offriras, il/elle offrira, nous offrirons, vous offrirez, ils/elles offriront

6. *KONDITIONAL I* j'offrirais, tu offrirais, il/elle offrirait, nous offririons, vous offririez, ils/elles offriraient

7. *PARTIZIP PERFEKT* offert

8. *PARTIZIP PRÄSENS* offrant

omettre (*unterlassen*) Konjugation wie **mettre**

ouvrir (*öffnen*) Konjugation wie **couvrir**

paraître (*erscheinen*) Konjugation mit 'avoir': j'ai paru *etc.*

1. *PRÄSENS* je parais, tu parais, il/elle paraît,

nous paraissons, vous paraissez, ils/elles paraissent

2. *SUBJONCTIF PRÄSENS* je paraisse, tu paraisses, il/elle paraisse, nous paraissions, vous paraissiez, ils/elles paraissent

3. *IMPERFEKT* je paraissais, tu paraissais, il/elle paraissait, nous paraissions, vous paraissiez, ils/elles paraissaient

4. *PASSÉ SIMPLE* je parus, tu parus, il/elle parut, nous parûmes, vous parûtes, ils/elles parurent

5. *FUTUR I* je paraîtrai, tu paraîtras, il/elle paraîtra, nous paraîtrons, vous paraîtrez, ils/elles paraîtront

6. *KONDITIONAL I* je paraîtrais, tu paraîtrais, il/elle paraîtrait, nous paraîtrions, vous paraîtriez, ils/elles paraîtraient

7. *PARTIZIP PERFEKT* paru

8. *PARTIZIP PRÄSENS* paraissant

partir (*fortgehen, abreisen/-fahren*)
Konjugation mit 'être': je suis parti *etc.*

1. *PRÄSENS* je pars, tu pars, il/elle part, nous partons, vous partez, ils/elles partent

2. *SUBJONCTIF PRÄSENS* je parte, tu partes, il/elle parte, nous partions, vous partiez, ils/elles partent

3. *IMPERFEKT* je partais, tu partais, il/elle partait, nous partions, vous partiez, ils/elles partaient

4. *PASSÉ SIMPLE* je partis, tu partis, il/elle partit, nous partîmes, vous partîtes, ils/elles partirent

5. *FUTUR I* je partirai, tu partiras, il/elle partira, nous partirons, vous partirez, ils/elles partiront

6. *KONDITIONAL I* je partirais, tu partirais, il/elle partirait, nous partirions, vous partiriez, ils/elles partiraient

7. *PARTIZIP PERFEKT* parti

8. *PARTIZIP PRÄSENS* partant

peindre (*malen, streichen*) Konjugation wie **teindre**

UNREGELMÄSSIGE VERBEN

permettre (*erlauben*) Konjugation wie **mettre**

plaindre (*bedauern*) Konjugation wie **craindre**

plaire (*gefallen*) Konjugation mit 'avoir': j'ai plu *etc.*
1. *PRÄSENS* je plais, tu plais, il/elle plaît, nous plaisons, vous plaisez, ils/elles plaisent
2. *SUBJONCTIF PRÄSENS* je plaise, tu plaises, il/elle plaise, nous plaisions, vous plaisiez, ils/elles plaisent
3. *IMPERFEKT* je plaisais, tu plaisais, il/elle plaisait, nous plaisions, vous plaisiez, ils/elles plaisaient
4. *PASSÉ SIMPLE* je plus, tu plus, il/elle plut, nous plûmes, vous plûtes, ils/elles plurent
5. *FUTUR I* je plairai, tu plairas, il/elle plaira, nous plairons, vous plairez, ils/elles plairont
6. *KONDITIONAL I* je plairais, tu plairais, il/elle plairait, nous plairions, vous plairiez, ils/elles plairaient
7. *PARTIZIP PERFEKT* plu
8. *PARTIZIP PRÄSENS* plaisant

pleuvoir (*regnen*) Konjugation mit 'avoir': il a plu *etc.*; nur unpersönlich oder in der 3. Person Singular gebraucht
1. *PRÄSENS* il pleut, ils/elles pleuvent
2. *SUBJONCTIF PRÄSENS* il pleuve, ils/elles pleuvent
3. *IMPERFEKT* il pleuvait, ils/elles pleuvaient
4. *PASSÉ SIMPLE* il plut, ils/elles plurent
5. *FUTUR I* il pleuvra, ils/elles pleuvront
6. *KONDITIONAL I* il pleuvrait, ils/elles pleuvraient
7. *PARTIZIP PERFEKT* plu
8. *PARTIZIP PRÄSENS* pleuvant

poursuivre (*(ver)folgen*) Konjugation wie **suivre**

pourvoir (*sorgen für*) Konjugation mit 'avoir': j'ai pourvu *etc.*

1. *PRÄSENS* je pourvois, tu pourvois, il/elle pourvoit, nous pourvoyons, vous pourvoyez, ils/elles pourvoient

2. *SUBJONCTIF PRÄSENS* je pourvoie, tu pourvoies, il/elle pourvoie, nous pourvoyions, vous pourvoyiez, ils/elles pourvoient

3. *IMPERFEKT* je pourvoyais, tu pourvoyais, il/elle pourvoyait, nous pourvoyions, vous pourvoyiez, ils/elles pourvoyaient

4. *PASSÉ SIMPLE* je pourvus, tu pourvus, il/elle pourvut, nous pourvûmes, vous pourvûtes, ils/elles pourvurent

5. *FUTUR I* je pourvoirai, tu pourvoiras, il/elle pourvoira, nous pourvoirons, vous pourvoirez, ils/elles pourvoiront

6. *KONDITIONAL I* je pourvoirais, tu pourvoirais, il/elle pourvoirait, nous pourvoirions, vous pourvoiriez, ils/elles pourvoiraient

7. *PARTIZIP PERFEKT* pourvu

8. *PARTIZIP PRÄSENS* pourvoyant

pouvoir (*können*) Konjugation mit 'avoir': j'ai pu *etc*.

1. *PRÄSENS* je peux, tu peux, il/elle peut, nous pouvons, vous pouvez, ils/elles peuvent

2. *SUBJONCTIF PRÄSENS* je puisse, tu puisses, il/elle puisse, nous puissions, vous puissiez, ils/elles puissent

3. *IMPERFEKT* je pouvais, tu pouvais, il/elle pouvait, nous pouvions, vous pouviez, ils/elles pouvaient

4. *PASSÉ SIMPLE* je pus, tu pus, il/elle put, nous pûmes, vous pûtes, ils/elles purent

5. *FUTUR I* je pourrai, tu pourras, il/elle pourra, nous pourrons, vous pourrez, ils/elles pourront

6. *KONDITIONAL I* je pourrais, tu pourrais, il/elle pourrait, nous pourrions, vous pourriez, ils/elles pourraient

7. *PARTIZIP PERFEKT* pu

8. *PARTIZIP PRÄSENS* pouvant

prendre (*nehmen*) Konjugation mit 'avoir': j'ai pris *etc.*

1. *PRÄSENS* je prends, tu prends, il/elle prend, nous prenons, vous prenez, ils/elles prennent
2. *SUBJONCTIF PRÄSENS* je prenne, tu prennes, il/elle prenne, nous prenions, vous preniez, ils/elles prennent
3. *IMPERFEKT* je prenais, tu prenais, il/elle prenait, nous prenions, vous preniez, ils/elles prenaient
4. *PASSÉ SIMPLE* je pris, tu pris, il/elle prit, nous prîmes, vous prîtes, ils/elles prirent
5. *FUTUR I* je prendrai, tu prendras, il/elle prendra, nous prendrons, vous prendrez, ils/elles prendront
6. *KONDITIONAL I* je prendrais, tu prendrais, il/elle prendrait, nous prendrions, vous prendriez, ils/elles prendraient
7. *PARTIZIP PERFEKT* pris
8. *PARTIZIP PRÄSENS* prenant

prévenir (*warnen, in Kenntnis setzen*) Konjugation wie **venir** aber mit 'avoir': j'ai prévenu *etc.*

prévoir (*vor(her)sehen*) Konjugation wie **voir**, mit Ausnahme folgender Formen:

5. *FUTUR I* je prévoirai, tu prévoiras, il/elle prévoira, nous prévoirons, vous prévoirez, ils/elles prévoiront
6. *KONDITIONAL I* je prévoirais, tu prévoirais, il/elle prévoirait, nous prévoirions, vous prévoiriez, ils/elles prévoiraient

produire (*herstellen*) Konjugation wie **cuire**

promettre (*versprechen*) Konjugation wie **mettre**

recevoir (*empfangen*) Konjugation mit 'avoir': j'ai reçu *etc.*

1. *PRÄSENS* je reçois, tu reçois, il/elle reçoit, nous recevons, vous recevez, ils/elles reçoivent

UNREGELMÄSSIGE VERBEN

2. *SUBJONCTIF PRÄSENS* je reçoive, tu reçoives, il/elle reçoive, nous recevions, vous receviez, ils/elles reçoivent

3. *IMPERFEKT* je recevais, tu recevais, il/elle recevait, nous recevions, vous receviez, ils/elles recevaient

4. *PASSÉ SIMPLE* je reçus, tu reçus, il/elle reçut, nous reçûmes, vous reçûtes, ils/elles reçurent

5. *FUTUR I* je recevrai, tu recevras, il/elle recevra, nous recevrons, vous recevrez, ils/elles recevront

6. *KONDITIONAL I* je recevrais, tu recevrais, il/elle recevrait, nous recevrions, vous recevriez, ils/elles recevraient

7. *PARTIZIP PERFEKT* reçu

8. *PARTIZIP PRÄSENS* recevant

reconnaître (*erkennen*) Konjugation wie **connaître**

recouvrir (*be-/zudecken*) Konjugation wie **couvrir**

réduire (*verringern*) Konjugation wie **cuire**

renvoyer (*zurückschicken*) Konjugation wie **envoyer**

repartir (*wieder abreisen/weggehen*) Konjugation wie **partir**

répondre (*antworten*) Konjugation mit 'avoir': j'ai répondu *etc.*

1. *PRÄSENS* je réponds, tu réponds, il/elle répond, nous répondons, vous répondez, ils/elles répondent

2. *SUBJONCTIF PRÄSENS* je réponde, tu répondes, il/elle réponde, nous répondions, vous répondiez, ils/elles répondent

3. *IMPERFEKT* je répondais, tu répondais, il/elle répondait, nous répondions, vous répondiez, ils/elles répondaient

4. *PASSÉ SIMPLE* je répondis, tu répondis, il/elle répondit, nous répondîmes, vous répondîtes,

ils/elles répondirent

5. *FUTUR I* je répondrai, tu répondras, il/elle répondra, nous répondrons, vous répondrez, ils/elles répondront

6. *KONDITIONAL I* je répondrais, tu répondrais, il/elle répondrait, nous répondrions, vous répondriez, ils/elles répondraient

7. *PARTIZIP PERFEKT* répondu

8. *PARTIZIP PRÄSENS* répondant

reproduire (*wiedergeben, nachahmen*) Konjugation wie **cuire**

résoudre (*lösen*) Konjugation mit 'avoir': j'ai résolu *etc.*

1. *PRÄSENS* je résous, tu résous, il/elle résout, nous résolvons, vous résolvez, ils/elles résolvent

2. *SUBJONCTIF PRÄSENS* je résolve, tu résolves, il/elle résolve, nous résolvions, vous résolviez, ils/elles résolvent

3. *IMPERFEKT* je résolvais, tu résolvais, il/elle résolvait, nous résolvions, vous résolviez, ils/elles résolvaient

4. *PASSÉ SIMPLE* je résolus, tu résolus, il/elle résolut, nous résolûmes, vous résolûtes, ils/elles résolurent

5. *FUTUR I* je résoudrai, tu résoudras, il/elle résoudra, nous résoudrons, vous résoudrez, ils/elles résoudront

6. *KONDITIONAL I* je résoudrais, tu résoudrais, il/elle résoudrait, nous résoudrions, vous résoudriez, ils/elles résoudraient

7. *PARTIZIP PERFEKT* résolu

8. *PARTIZIP PRÄSENS* résolvant

retenir (*zurückhalten*) Konjugation wie **tenir**

revenir (*zurückkommen*) Konjugation wie **venir**

revoir (*wiedersehen*) Konjugation wie **voir**

rire (*lachen*) Konjugation mit 'avoir': j'ai ri *etc.*

1. *PRÄSENS* je ris, tu ris, il/elle rit, nous rions,

UNREGELMÄSSIGE VERBEN

vous riez, ils/elles rient

2. *SUBJONCTIF PRÄSENS* je rie, tu ries, il/elle rie, nous riions, vous riiez, ils/elles rient

3. *IMPERFEKT* je riais, tu riais, il/elle riait, nous riions, vous riiez, ils/elles riaient

4. *PASSÉ SIMPLE* je ris, tu ris, il/elle rit, nous rîmes, vous rîtes, ils/elles rirent

5. *FUTUR I* je rirai, tu riras, il/elle rira, nous rirons, vous rirez, ils/elles riront

6. *KONDITIONAL I* je rirais, tu rirais, il/elle rirait, nous ririons, vous ririez, ils/elles riraient

7. *PARTIZIP PERFEKT* ri

8. *PARTIZIP PRÄSENS* riant

rompre (*(zer)brechen*) Konjugation mit 'avoir': j'ai rompu *etc.*

1. *PRÄSENS* je romps, tu romps, il/elle rompt, nous rompons, vous rompez, ils/elles rompent

2. *SUBJONCTIF PRÄSENS* je rompe, tu rompes, il/elle rompe, nous rompions, vous rompiez, ils/elles rompent

3. *IMPERFEKT* je rompais, tu rompais, il/elle rompait, nous rompions, vous rompiez, ils/elles rompaient

4. *PASSÉ SIMPLE* je rompis, tu rompis, il/elle rompit, nous rompîmes, vous rompîtes, ils/elles rompirent

5. *FUTUR I* je romprai, tu rompras, il/elle rompra, nous romprons, vous romprez, ils/elles rompront

6. *KONDITIONAL I* je romprais, tu romprais, il/elle romprait, nous romprions, vous rompriez, ils/elles rompraient

7. *PARTIZIP PERFEKT* rompu

8. *PARTIZIP PRÄSENS* rompant

satisfaire (*zufriedenstellen*) Konjugation wie **faire**

savoir (*wissen*) Konjugation mit 'avoir': j'ai su

1. *PRÄSENS* je sais, tu sais, il/elle sait, nous savons, vous savez, ils/elles savent

2. *SUBJONCTIF PRÄSENS* je sache, tu saches, il/elle sache, nous sachions, vous sachiez, ils/elles sachent

3. *IMPERFEKT* je savais, tu savais, il/elle savait, nous savions, vous saviez, ils/elles savaient

4. *PASSÉ SIMPLE* je sus, tu sus, il/elle sut, nous sûmes, vous sûtes, ils/elles surent

5. *FUTUR I* je saurai, tu sauras, il/elle saura, nous saurons, vous saurez, ils/elles sauront

6. *KONDITIONAL I* je saurais, tu saurais, il/elle saurait, nous saurions, vous sauriez, ils/elles sauraient

7. *PARTIZIP PERFEKT* su

8. *PARTIZIP PRÄSENS* sachant

sentir (*fühlen, riechen*) Konjugation mit 'avoir': j'ai senti *etc.*

1. *PRÄSENS* je sens, tu sens, il/elle sent, nous sentons, vous sentez, ils/elles sentent

2. *SUBJONCTIF PRÄSENS* je sente, tu sentes, il/elle sente, nous sentions, vous sentiez, ils/elles sentent

3. *IMPERFEKT* je sentais, tu sentais, il/elle sentait, nous sentions, vous sentiez, ils/elles sentaient

4. *PASSÉ SIMPLE* je sentis, tu sentis, il/elle sentit, nous sentîmes, vous sentîtes, ils/elles sentirent

5. *FUTUR I* je sentirai, tu sentiras, il/elle sentira, nous sentirons, vous sentirez, ils/elles sentiront

6. *KONDITIONAL I* je sentirais, tu sentirais, il/elle sentirait, nous sentirions, vous sentiriez, ils/elles sentiraient

7. *PARTIZIP PERFEKT* senti

8. *PARTIZIP PRÄSENS* sentant

servir (*nützen, dienen*) Konjugation mit 'avoir': j'ai servi *etc.*

1. *PRÄSENS* je sers, tu sers, il/elle sert, nous servons, vous servez, ils/elles servent

2. *SUBJONCTIF PRÄSENS* je serve, tu serves, il/elle serve, nous servions, vous serviez, ils/elles servent

UNREGELMÄSSIGE VERBEN

3. *IMPERFEKT* je servais, tu servais, il/elle servait, nous servions, vous serviez, ils/elles servaient

4. *PASSÉ SIMPLE* je servis, tu servis, il/elle servit, nous servîmes, vous servîtes, ils/elles servirent

5. *FUTUR I* je servirai, tu serviras, il/elle servira, nous servirons, vous servirez, ils/elles serviront

6. *KONDITIONAL I* je servirais, tu servirais, il/elle servirait, nous servirions, vous serviriez, ils/elles serviraient

7. *PARTIZIP PERFEKT* servi

8. *PARTIZIP PRÄSENS* servant

sortir (*aus-/weggehen*) Konjugation mit 'être': je suis sorti *etc.*

1. *PRÄSENS* je sors, tu sors, il/elle sort, nous sortons, vous sortez, ils/elles sortent

2. *SUBJONCTIF PRÄSENS* je sorte, tu sortes, il/elle sorte, nous sortions, vous sortiez, ils/elles sortent

3. *IMPERFEKT* je sortais, tu sortais, il/elle sortait, nous sortions, vous sortiez, ils/elles sortaient

4. *PASSÉ SIMPLE* je sortis, tu sortis, il/elle sortit, nous sortîmes, vous sortîtes, ils/elles sortirent

5. *FUTUR I* je sortirai, tu sortiras, il/elle sortira, nous sortirons, vous sortirez, ils/elles sortiront

6. *KONDITIONAL I* je sortirais, tu sortirais, il/elle sortirait, nous sortirions, vous sortiriez, ils/elles sortiraient

7. *PARTIZIP PERFEKT* sorti

8. *PARTIZIP PRÄSENS* sortant

souffrir (*leiden*) Konjugation wie **couvrir**

sourire (*lächeln*) Konjugation wie **rire**

soutenir (*halten, stützen*) Konjugation wie **tenir**

se souvenir (*sich erinnern*) Konjugation wie **venir**

suivre (*folgen*) Konjugation mit 'avoir': j'ai suivi *etc.*

1. *PRÄSENS* je suis, tu suis, il/elle suit, nous

suivons, vous suivez, ils/elles suivent

2. *SUBJONCTIF PRÄSENS* je suive, tu suives, il/elle suive, nous suivions, vous suiviez, ils/elles suivent

3. *IMPERFEKT* je suivais, tu suivais, il/elle suivait, nous suivions, vous suiviez, ils/elles suivaient

4. *PASSÉ SIMPLE* je suivis, tu suivis, il/elle suivit, nous suivîmes, vous suivîtes, ils/elles suivirent

5. *FUTUR I* je suivrai, tu suivras, il/elle suivra, nous suivrons, vous suivrez, ils/elles suivront

6. *KONDITIONAL I* je suivrais, tu suivrais, il/elle suivrait, nous suivrions, vous suivriez, ils/elles suivraient

7. *PARTIZIP PERFEKT* suivi

8. *PARTIZIP PRÄSENS* suivant

se taire (*schweigen*) Konjugation mit 'être': je me suis tu *etc*.

1. *PRÄSENS* je me tais, tu te tais, il/elle se tait, nous nous taisons, vous vous taisez, ils/elles se taisent

2. *SUBJONCTIF PRÄSENS* je me taise, tu te taises, il/elle se taise, nous nous taisions, vous vous taisiez, ils/elles se taisent

3. *IMPERFEKT* je me taisais, tu te taisais, il/elle se taisait, nous nous taisions, vous vous taisiez, ils/elles se taisaient

4. *PASSÉ SIMPLE* je me tus, tu te tus, il/elle se tut, nous nous tûmes, vous vous tûtes, ils/elles se turent

5. *FUTUR I* je me tairai, tu te tairas, il/elle se taira, nous nous tairons, vous vous tairez, ils/elles se tairont

6. *KONDITIONAL I* je me tairais, tu te tairais, il/elle se tairait, nous nous tairions, vous vous tairiez, ils/elles se tairaient

7. *PARTIZIP PERFEKT* tu

8. *PARTIZIP PRÄSENS* se taisant

teindre (*färben*) Konjugation mit 'avoir': j'ai teint *etc*.

1. *PRÄSENS* je teins, tu teins, il/elle teint, nous teignons, vous teignez, ils/elles teignent
2. *SUBJONCTIF PRÄSENS* je teigne, tu teignes, il/elle teigne, nous teignions, vous teigniez, ils/elles teignent
3. *IMPERFEKT* je teignais, tu teignais, il/elle teignait, nous teignions, vous teigniez, ils/elles teignaient
4. *PASSÉ SIMPLE* je teignis, tu teignis, il/elle teignit, nous teignîmes, vous teignîtes, ils/elles teignirent
5. *FUTUR I* je teindrai, tu teindras, il/elle teindra, nous teindrons, vous teindrez, ils/elles teindront
6. *KONDITIONAL I* je teindrais, tu teindrais, il/elle teindrait, nous teindrions, vous teindriez, ils/elles teindraient
7. *PARTIZIP PERFEKT* teint
8. *PARTIZIP PRÄSENS* teignant

tenir (*halten*) Konjugation mit 'avoir': j'ai tenu
1. *PRÄSENS* je tiens, tu tiens, il/elle tient, nous tenons, vous tenez, ils/elles tiennent
2. *SUBJONCTIF PRÄSENS* je tienne, tu tiennes, il/elle tienne, nous tenions, vous teniez, ils/elles tiennent
3. *IMPERFEKT* je tenais, tu tenais, il/elle tenait, nous tenions, vous teniez, ils/elles tenaient
4. *PASSÉ SIMPLE* je tins, tu tins, il/elle tint, nous tînmes, vous tîntes, ils tinrent
5. *FUTUR I* je tiendrai, tu tiendras, il/elle tiendra, nous tiendrons, vous tiendrez, ils/elles tiendront
6. *KONDITIONAL I* je tiendrais, tu tiendrais, il/elle tiendrait, nous tiendrions, vous tiendriez, ils/elles tiendraient
7. *PARTIZIP PERFEKT* tenu
8. *PARTIZIP PRÄSENS* tenant

traduire (*übersetzen*) Konjugation wie **cuire**
vaincre (*(be)siegen*) Konjugation mit 'avoir': j'ai vaincu *etc.*

UNREGELMÄSSIGE VERBEN

1. *PRÄSENS* je vaincs, tu vaincs, il/elle vainc, nous vainquons, vous vainquez, ils/elles vainquent
2. *SUBJONCTIF PRÄSENS* je vainque, tu vainques, il/elle vainque, nous vainquions, vous vainquiez, ils/elles vainquent
3. *IMPERFEKT* je vainquais, tu vainquais, il/elle vainquait, nous vainquions, vous vainquiez, ils/elles vainquaient
4. *PASSÉ SIMPLE* je vainquis, tu vainquis, il/elle vainquit, nous vainquîmes, vous vainquîtes, ils/elles vainquirent
5. *FUTUR I* je vaincrai, tu vaincras, il/elle vaincra, nous vaincrons, vous vaincrez, ils/elles vaincront
6. *KONDITIONAL I* je vaincrais, tu vaincrais, il/elle vaincrait, nous vaincrions, vous vaincriez, ils/elles vaincraient
7. *PARTIZIP PERFEKT* vaincu
8. *PARTIZIP PRÄSENS* vainquant

valoir (*wert sein*) Konjugation mit 'avoir': j'ai valu *etc.*
1. *PRÄSENS* je vaux, tu vaux, il/elle vaut, nous valons, vous valez, ils/elles valent
2. *SUBJONCTIF PRÄSENS* je vaille, tu vailles, il/elle vaille, nous valions, vous valiez, ils/elles valent
3. *IMPERFEKT* je valais, tu valais, il/elle valait, nous valions, vous valiez, ils/elles valaient
4. *PASSÉ SIMPLE* je valus, tu valus, il/elle valut, nous valûmes, vous valûtes, ils/elles valurent
5. *FUTUR I* je vaudrai, tu vaudras, il/elle vaudra, nous vaudrons, vous vaudrez, ils/elles vaudront
6. *KONDITIONAL I* je vaudrais, tu vaudrais, il/elle vaudrait, nous vaudrions, vous vaudriez, ils/elles vaudraient
7. *PARTIZIP PERFEKT* valu
8. *PARTIZIP PRÄSENS* valant

venir (*kommen*) Konjugation mit 'être': je suis venu *etc.*

1. *PRÄSENS* je viens, tu viens, il/elle vient, nous venons, vous venez, ils/elles viennent

2. *SUBJONCTIF PRÄSENS* je vienne, tu viennes, il/elle vienne, nous venions, vous veniez, ils/elles viennent

3. *IMPERFEKT* je venais, tu venais, il/elle venait, nous venions, vous veniez, ils/elles venaient

4. *PASSÉ SIMPLE* je vins, tu vins, il/elle vint, nous vînmes, vous vîntes, ils/elles vinrent

5. *FUTUR I* je viendrai, tu viendras, il/elle viendra, nous viendrons, vous viendrez, ils/elles viendront

6. *KONDITIONAL I* je viendrais, tu viendrais, il/elle viendrait, nous viendrions, vous viendriez, ils/elles viendraient

7. *PARTIZIP PERFEKT* venu

8. *PARTIZIP PRÄSENS* venant

vivre (*leben*) Konjugation mit 'avoir': j'ai vécu *etc*.

1. *PRÄSENS* je vis, tu vis, il/elle vit, nous vivons, vous vivez, ils/elles vivent

2. *SUBJONCTIF PRÄSENS* je vive, tu vives, il/elle vive, nous vivions, vous viviez, ils/elles vivent

3. *IMPERFEKT* je vivais, tu vivais, il/elle vivait, nous vivions, vous viviez, ils/elles vivaient

4. *PASSÉ SIMPLE* je vécus, tu vécus, il/elle vécut, nous vécûmes, vous vécûtes, ils/elles vécurent

5. *FUTUR I* je vivrai, tu vivras, il/elle vivra, nous vivrons, vous vivrez, ils/elles vivront

6. *KONDITIONAL I* je vivrais, tu vivrais, il/elle vivrait, nous vivrions, vous vivriez, ils/elles vivraient

7. *PARTIZIP PERFEKT* vécu

8. *PARTIZIP PRÄSENS* vivant

voir (*sehen*) Konjugation mit 'avoir': j'ai vu *etc*.

1. *PRÄSENS* je vois, tu vois, il/elle voit, nous voyons, vous voyez, ils/elles voient

2. *SUBJONCTIF PRÄSENS* je voie, tu voies, il/elle voie, nous voyions, vous voyiez, ils/elles voient

3. *IMPERFEKT* je voyais, tu voyais, il/elle voyait,

VALOIR

nous voyions, vous voyiez, ils/elles voyaient

4. *PASSÉ SIMPLE* je vis, tu vis, il/elle vit, nous vîmes, vous vîtes, ils/elles virent

5. *FUTUR I* je verrai, tu verras, il/elle verra, nous verrons, vous verrez, ils/elles verront

6. *KONDITIONAL I* je verrais, tu verrais, il/elle verrait, nous verrions, vous verriez, ils/elles verraient

7. *PARTIZIP PERFEKT* vu

8. *PARTIZIP PRÄSENS* voyant

vouloir (*wollen*) Konjugation mit 'avoir': j'ai voulu *etc.*

1. *PRÄSENS* je veux, tu veux, il/elle veut, nous voulons, vous voulez, ils/elles veulent

2. *SUBJONCTIF PRÄSENS* je veuille, tu veuilles, il/elle veuille, nous voulions, vous vouliez, ils/elles veuillent

3. *IMPERFEKT* je voulais, tu voulais, il/elle voulait, nous voulions, vous vouliez, ils/elles voulaient

4. *PASSÉ SIMPLE* je voulus, tu voulus, il/elle voulut, nous voulûmes, vous voulûtes, ils/elles voulurent

5. *FUTUR I* je voudrai, tu voudras, il/elle voudra, nous voudrons, vous voudrez, ils/elles voudront

6. *KONDITIONAL I* je voudrais, tu voudrais, il/elle voudrait, nous voudrions, vous voudriez, ils/elles voudraient

7. *PARTIZIP PERFEKT* voulu

8. *PARTIZIP PRÄSENS* voulant

valoir zur Konjugation siehe UNREGELMÄSSIGE VERBEN

1. (*kosten, wert sein*) **ça vaut 50 francs** *das kostet 50 Francs/das ist 50 Francs wert;* **ça ne vaut rien du tout** *das ist überhaupt nichts wert*

2. (*gleichwertig sein*) **ce dictionnaire vaut bien celui-là** *dieses Wörterbuch ist ebenso gut wie das da*

3. (*unpersönlich*) **valoir mieux: il vaut mieux**

partir maintenant *es ist besser, wir gehen jetzt*
4. **valoir la peine: ça vaut la peine d'être vu**
es lohnt sich, das anzusehen; **ça ne vaut pas la peine** *das ist nicht der Mühe wert*

venir zur Konjugation siehe UNREGELMÄSSIGE VERBEN

(*als Hilfsverb*) **venir de faire: je viens de lire un bon roman** *ich habe gerade einen guten Roman gelesen;* **il venait de partir** *er war gerade gegangen*

Verb siehe KONJUGATION DER VERBEN, VERBALKONSTRUKTIONEN

Verbalkonstruktionen

1. Man unterscheidet drei Hauptgruppen:
A) Verb+Infinitiv: il espère venir
  er hofft, kommen zu können
B) Verb+**de**+Infinitiv: il a décidé de venir
  er hat beschlossen, zu kommen
C) Verb+**à**+Infinitiv: il a réussi à venir
  es ist ihm gelungen, zu kommen

Im folgenden werden einige der gebräuchlichsten Beispiele für diese drei Konstruktionsmuster aufgeführt:
A) **devoir faire** *müssen/sollen*
  falloir faire *müssen*
  pouvoir faire *können/dürfen*
  savoir faire *können/wissen, wie*
  vouloir faire *wollen/mögen*
  aimer (bien) faire *gern tun*
  aimer mieux faire *lieber tun/wollen*
  compter faire *damit rechnen, daß*
  désirer faire *wünschen/mögen*
  espérer faire *hoffen*
  oser faire *wagen*
  préférer faire *vorziehen/lieber mögen*
  sembler faire *scheinen*

aller/venir/descendre etc. **faire**
gehen/kommen/hinuntergehen, um ...

Anmerkungen:
1. je veux **partir** *ich möchte gehen*
   je veux **qu'il parte** *ich möchte, daß er geht*
   il préfère **rester** *er möchte lieber bleiben*
   il préfère **que vous restiez** *er möchte (lieber), daß Sie bleiben*

   Der Infinitiv nach Verben des Wünschens etc. kann nicht verwendet werden, wenn sich das Subjekt ändert; in diesem Fall stehen **'que'**+Subjonctif

2. Nach Verben der Wahrnehmung (**voir**=*sehen*; **regarder**=*betrachten*; **apercevoir**=*wahrnehmen*; **entendre**=*hören*; **écouter**=*hören (auf)*) steht der Infinitiv:

   elle a vu sortir son mari *sie sah ihren Mann herauskommen*
   il les entendait parler *er hörte sie sprechen*
   Beachte die Wortstellung im Französischen!

3. **faire faire ...** *veranlassen ...*
   z.B.: il a fait monter ses bagages *er ließ sein Gepäck hinauftragen*
   le film l'a fait pleurer *der Film brachte sie zum Weinen*

   feste Wendungen:
   faire venir qn *jdn kommen lassen:*
   elle a fait venir le médecin *sie ließ den Arzt kommen*
   faire entrer qn *jdn hereinführen:*
   faites-les entrer *führen Sie sie herein*

4. **j'ai failli tomber** *beinahe wäre ich hingefallen*

5. **laisser faire** *(zu)lassen:*
   laissez-moi passer *lassen Sie mich vorbei*

6. **laisser tomber** *fallen lassen:*
   elle a laissé tomber son couteau *ihr ist das Messer heruntergefallen*

VERBALKONSTRUKTIONEN 113

7. aller chercher *holen:*
va chercher ton frère *hol deinen Bruder*

8. envoyer chercher qn *nach jdm schicken/jdn holen lassen:*
ils ont envoyé chercher un prêtre *sie haben nach einem Pfarrer geschickt*

B) **s'arrêter de faire** *aufhören*
cesser de faire *aufhören*
commencer de faire *anfangen/beginnen*
craindre de faire *fürchten*
décider de faire *beschließen*
se dépêcher de faire *sich beeilen*
essayer de faire *versuchen*
éviter de faire *vermeiden*
s'excuser de faire *sich entschuldigen*
finir de faire *aufhören*
jurer de faire *schwören*
menacer de faire *drohen*
offrir de faire *anbieten*
oublier de faire *vergessen*
proposer de faire *vorschlagen*
refuser de faire *sich weigern*
regretter de faire/d'avoir fait
bedauern/bedauern etw getan zu haben
se souvenir d'avoir fait *sich (daran) erinnern, etw getan zu haben*
tenter de faire *versuchen*
venir de faire *etw gerade getan haben*

C) **apprendre à faire** *lernen*
s'attendre à faire *damit rechnen*
chercher à faire *versuchen*
commencer à faire *anfangen/beginnen*
consentir à faire *übereinstimmen*
se décider à faire *beschließen*
s'habituer à faire *sich daran gewöhnen*
hésiter à faire *zögern*
s'intéresser à faire *daran interessiert sein*
se mettre à faire *beginnen*
penser à faire *daran denken*

se préparer à faire *sich darauf vorbereiten*
réussir à faire: il a réussi à faire *es ist ihm gelungen, ...*
songer à faire *erwägen*

2. Die folgenden Konstruktionen haben ein direktes oder indirektes Personenobjekt: 'quelqu'un' (*jemanden/jemandem*) ist hier verkürzt zu 'qn' (*jdn/jdm*)

   i) **accuser qn d'avoir fait** *jdn beschuldigen*
   blâmer qn d'avoir fait *jdn verantwortlich machen*
   dissuader qn de faire *jdm abraten*
   empêcher qn de faire *jdn hindern*
   féliciter qn d'avoir fait *jdn beglückwünschen*
   persuader qn de faire *jdn überzeugen*
   prier qn de faire *jdn bitten*
   remercier qn d'avoir fait *jdm danken*
   aider qn à faire *jdm helfen*
   encourager qn à faire *jdn ermutigen*
   forcer qn à faire *jdn zwingen*
   inviter qn à faire *jdn einladen*
   obliger qn à faire *jdn zwingen*
   pousser qn à faire *jdn dazu bringen/jdn (be)drängen*

   ii) **conseiller à qn de faire** *jdm raten*
   défendre à qn de faire *jdm verbieten*
   demander à qn de faire *jdm bitten*
   dire à qn de faire *jdn auffordern*
   interdire à qn de faire *jdm verbieten*
   ordonner à qn de faire *jdm befehlen*
   pardonner à qn d'avoir fait *jdm verzeihen*
   permettre à qn de faire *jdm erlauben*
   promettre à qn de faire *jdm versprechen*

   iii) **apprendre à qn à faire** *jdm beibringen*

3. Der Infinitiv steht außerdem:
   i) nach bestimmten Präpositionen:
      pour *(um ... zu):*

il l'a fait pour l'effrayer
er tat es, um sie zu erschrecken
sans *(ohne ... zu)*:
il est entré sans frapper
er trat ein, ohne anzuklopfen
avant de *(bevor)*:
venez me voir avant de partir
besuchen Sie mich, bevor Sie abreisen
au lieu de *(anstatt ... zu)*:
elle est partie au lieu d'attendre
sie ist gegangen, anstatt zu warten
  ii) nach bestimmten Wendungen:
z.B.: **avoir peur de** *(Angst haben)*:
il a peur de la blesser
er hat Angst, ihr wehzutun
avoir honte de *(sich schämen)*:
elle a honte de mentir
sie schämt sich (dafür), daß sie lügt
faire semblant de *(so tun, als ob)*:
il faisait semblant de lire
er tat so, als ob er lesen würde
  iii) nach Substantiven und Adjektiven mit 'à' und 'de':
un moyen de le faire *eine Möglichkeit, es zu tun*
avoir l'occasion de faire qch *Gelegenheit haben, etw zu tun*
prêt à faire *bereit*
content de faire *zufrieden*
siehe auch PRÄPOSITIONALE ERGÄNZUNGEN
4. Der Infinitiv Perfekt (**avoir** oder **être** + Partizip Perfekt) folgt auf die Präposition 'après' (*nach/nachdem*):
après avoir mangé, il ...
nach dem Essen/nachdem er gegessen hatte, ...
après être partie, elle ...
nachdem sie abgereist war, ...
après nous être lavés, nous ...
nachdem wir uns gewaschen hatten, ...

Vergleichsform siehe STEIGERUNG, AUSSI, AUTANT

Verhältniswort siehe PRÄPOSITIONEN

Verneinung

Im Französischen gibt es folgende Möglichkeiten, eine Verneinung auszudrücken:

ne ... pas *nicht* ne ... personne *niemand*
ne ... plus *nicht mehr* ne ... que *nur*
ne ... jamais *nie(mals)* ne ... nulle part *nirgends*
ne ... rien *nichts* ne ... ni ... ni *weder ... noch*

Merke:
1. Vor Vokalen wird **ne** zu **n'**
2. Bei den einfachen Zeiten, d.h. Präsens, Imperfekt, Passé simple, Futur I, Konditional I und Imperativ, rahmen die beiden Elemente der Verneinung das Verb ein:
ne+Verb+**pas/plus** etc.

> je **ne** fume **pas** *ich rauche nicht*
> il **n'**est **pas** là *er ist nicht da*
> elle **ne** voyait **personne** *sie sah niemanden*
> **ne** dis **rien** *sag nichts*

Wenn dem Verb ein Pronomen vorangeht oder folgt (d.h. in Frage- und Aufforderungssätzen), schließt die Verneinung das Pronomen mit ein:
ne+Pronomen+Verb+**pas/plus** etc.

> je **ne** les aimais **pas** *ich mochte sie nicht*
> **ne** le lui donne **pas** *gib ihm/ihr das nicht*
> **ne** vous levez **pas** *stehen Sie nicht auf*
> **ne** l'invitez-vous **pas**? *laden Sie ihn/sie nicht ein?*

3. Bei den zusammengesetzten Zeiten, d.h. Perfekt, Plusquamperfekt, Futur II und Konditional II, gilt folgende Wortstellung:
ne ... pas/plus/jamais/rien:

ne+Hilfsverb+**pas/plus** etc.+Partizip Perfekt
> je **ne** suis **pas** venu *ich bin nicht gekommen*
> il **n'**avait **rien** dit *er hatte nichts gesagt*

ne ... personne/que/nulle part/ni:
ne+Hilfsverb+Partizip Perfekt+**personne/
que** etc.

il **n'**a trouvé **personne** *er hat niemanden
gefunden*
elles **n'**étaient allées **nulle part** *sie waren
nirgends hingegangen*

Wenn dem Verb ein Pronomen vorangeht oder
folgt, gilt die gleiche Wortstellung wie oben:
il **ne** l'a **pas** aimé *es hat ihm nicht gefallen*
elle **ne** le lui a **pas** donné *sie hat es ihm/ihr nicht
gegeben*
ne l'a-t-il **pas** aimé? *hat es ihm nicht gefallen?*
je **ne** l'ai trouvé **nulle part** *ich habe es nirgends
gefunden*
n'a-t-il rencontré **personne**? *hat er niemanden
getroffen?*

4. Bei Konstruktionen mit Infinitiv gilt:
ne pas/plus etc.+Infinitiv

il préfère **ne pas** parler *er zieht es vor zu
schweigen*
il a décidé de **ne plus** travailler *er hat
beschlossen, nicht mehr zu arbeiten*
il prétend **ne pas** avoir entendu* *er behauptet,
es nicht gehört zu haben*

ne+Infinitiv+**personne/nulle part** etc.
il a prétendu **n'**avoir vu **personne** *er
behauptete, niemanden gesehen zu haben*
elle l'accuse de **ne s'intéresser à personne** *sie
wirft ihm vor, sich für niemanden zu
interessieren*

*Mit dem Infinitiv Perfekt gilt auch folgende
Wortstellung:
il prétend **n'**avoir **pas** entendu
elle l'accuse de **ne** l'avoir **pas** fait

5. 'rien' und 'personne' können auch vorangestellt
werden. Im Unterschied zum Deutschen wird

ne jedoch in diesem Fall beibehalten:
rien ne change   *nichts ändert sich*
personne n'est venu   *niemand ist gekommen*

6. Folgende Ausdrücke der Verneinung können für sich stehen:
qui avez-vous vu? **personne**
wen habt ihr gesehen? niemanden
qu'est-ce qu'il a dit? **rien**
was hat er gesagt? nichts
où allez-vous? **nulle part**
wohin gehen Sie? nirgendwohin
l'avez-vous fait? **pas encore**
haben Sie das schon erledigt? noch nicht
est-ce que ça vous dérange? **pas du tout**
stört Sie das? nicht im geringsten

7. Die Ausdrücke der Verneinung können auch miteinander kombiniert werden:
je **ne** la verrai **plus jamais** *ich werde sie nie mehr wiedersehen*
elle **n'**invite **plus personne** *sie lädt niemanden mehr ein*
elle **n'**a **jamais rien** dit *sie hat nie etwas gesagt*
il **ne** vaut **plus rien** *es ist nichts mehr wert*
je **ne** bois **jamais que** de l'eau *ich trinke immer nur Wasser*

Merke: 'ne ... pas' kann nicht in Verbindung mit 'jamais', 'plus' etc. verwendet werden

voici 1. *(hinweisend: hier ist/sind)* **voici du chocolat** *hier ist Schokolade;* **voici Madame Duval** *hier ist/das ist Madame Duval*

2. *(ausrufend)* **le voici!** *hier ist er!;* **les voici!** *hier sind sie!;* siehe auch VOILÀ

voilà 1. *(hinweisend: da ist/da sind)* **voilà mon frère** *da ist/das ist mein Bruder;* **voilà mon taxi** *da kommt mein Taxi*

2. *(ausrufend)* **la voilà!** *da ist sie (ja)!;* **les voilà!** *da sind sie!;* **voilà** *bitte schön/bitte sehr/da!;* **nous voilà** *so, da sind wir!*

3. *(zeitlich)* **voilà une semaine que je l'attends** *jetzt warte ich schon eine Woche auf ihn;* **voilà une année que je ne les ai pas vus** *nun habe ich sie schon seit einem Jahr nicht mehr gesehen;* siehe auch FAIRE, IL Y A

4. voilà pourquoi c'est impossible *deshalb geht es also nicht;* **voilà ce que tu dois faire** *du mußt also folgendes machen*

Merke: **voilà** wird häufig auch anstelle von VOICI verwendet

vos, votre etc. siehe POSSESSIVPRONOMEN

vouloir zur Konjugation siehe UNREGELMÄSSIGE VERBEN

1. *(wollen)* **je veux dormir** *ich will schlafen;* **je veux que tu travailles** *ich will, daß du arbeitest;* Merke: nach 'vouloir que ...' steht der SUBJONCTIF

2. vouloir dire: qu'est-ce que ça veut dire? *was soll das heißen?/was hat das zu bedeuten?*

3. en vouloir à quelqu' un: j'espère que tu ne m'en veux pas *ich hoffe, du bist mir (deshalb) nicht böse*

4. *(im Konditional)* **je voudrais un café** *ich hätte gern einen Kaffee;* **il aurait voulu rester** *er wäre gern geblieben*

vous siehe PERSONALPRONOMEN

Wochentage siehe ZEIT

Wortstellung siehe FRAGESÄTZE, IMPERATIV, SATZFORMEN, VERNEINUNG

y 1. *(ersetzt ein Substantiv mit Ortsangabe: da(hin), dort(hin) etc.)* **comment est-il entré dans la maison?>comment y est-il entré?** *wie ist er in das Haus gekommen?>wie ist er (da) hineingekommen?*

je vais à Paris demain>j'y vais demain *ich fahre morgen nach Paris>ich fahre morgen dorthin*

2. *(ersetzt eine Konstruktion mit à: davon, daran etc.; vergleiche* EN*)*
je pense souvent à ce probleme>j'y pense souvent *ich denke oft über dieses Problem nach>ich denke oft darüber nach*
goûtez à ces bonbons>goûtez-y
probieren Sie diese Bonbons>probieren Sie davon
ne touchez pas à ces champignons>n'y touchez pas
fassen Sie diese Pilze nicht an>fassen Sie sie nicht an

3. que voulez-vous que j'y fasse? *was kann ich daran ändern?*; **je n'y peux rien** *ich kann nichts dagegen machen*

4. ça y est! *ich hab's!/so!/da!;* **ça y est – j'ai terminé mon travail!** *so, jetzt bin ich fertig!;* **ça y est – ils arrivent!** *da kommen sie ja endlich!*

Zahlen

GRUNDZAHLEN	ORDNUNGSZAHLEN
0 zéro	
1 un (une)	1. premier(-ière) 1er (1ère)
2 deux	2. deuxième 2e, 2ème
3 trois	3. troisième 3e, 3ème
4 quatre	4. quatrième
5 cinq	5. cinquième
6 six	6. sixième
7 sept	7. septième
8 huit	8. huitième
9 neuf	9. neuvième
10 dix	10. dixième
11 onze	11. onzième
12 douze	12. douzième
13 treize	13. treizième
14 quatorze	14. quatorzième
15 quinze	15. quinzième
16 seize	16. seizième
17 dix-sept	17. dix-septième
18 dix-huit	18. dix-huitième
19 dix-neuf	19. dix-neuvième

ZAHLEN

20 vingt	20. vingtième
21 vingt et un (une)	21. vingt et unième
22 vingt-deux	22. vingt-deuxième
30 trente	30. trentième
31 trente et un (une)	*etc.*
40 quarante	
50 cinquante	
60 soixante	
70 soixante-dix	
71 soixante et onze	
72 soixante-douze	
80 quatre-vingts	
90 quatre-vingt-dix	
91 quatre-vingt-onze	
100 cent	100. centième
101 cent un (une)	101. cent unième
200 deux cents	*etc.*
250 deux cent cinquante	

1000 mille
1001 mille un (une)
2.000 deux mille, 2 000
1.000.000 un million, 1 000 000
2.000.000 deux millions, 2 000 000

Anmerkungen:
Grundzahlen
a) 'une' – die weibliche Form von 'un' – muß bei einem weiblichen Bezugswort stehen:
trente et une demandes *einunddreißig Anfragen*
b) 'million' steht immer in Verbindung mit 'de':
un million de francs *eine Million Francs*
cinq millions d'abonnés *fünf Millionen Abonnenten*
c) im Französischen werden mit Ausnahme von 'un/une' die Grundzahlen zur Datumsangabe verwendet:
le cinq mars *der fünfte März*; siehe auch
ORDNUNGSZAHLEN

d) beachte den Gebrauch von 'millier':
   un millier de véhicules *(an die) tausend Fahrzeuge*
   il y en avait des milliers *es gab Tausende davon*

Ordnungszahlen
a) 'premier' – nur der erste Tag des Monats wird mit einer Ordnungszahl angegeben:
   le premier mai *der erste Mai*; siehe c) oben
b) 'second', 'seconde' wird wie 'deuxième' verwendet

◆ UNGEFÄHRE ZAHLENANGABEN

Im Französischen lassen sich ungefähre Zahlenangaben (*etwa/rund/ungefähr/ca. ...* etc.) folgendermaßen ausdrücken:
a) mit 'environ' (*ungefähr*):
   il y en avait environ dix *es waren ungefähr zehn da*
b) durch Hinzufügen der Endung '-aine' an die Zahl (achte dabei auf die Änderungen in der Schreibweise):
   une dizaine/vingtaine/trentaine/cinquantaine etc.
   rund zehn/zwanzig/dreißig/fünfzig etc.
   une dizaine de chemises *etwa zehn Hemden*
   une quarantaine d'années *ungefähr vierzig Jahre*

◆ BRÜCHE

$\frac{1}{4}$	un quart
$\frac{1}{2}$	un demi, une demie
$\frac{3}{4}$	trois quarts
$\frac{1}{3}$	un tiers
$\frac{2}{3}$	deux tiers
$\frac{1}{8}$	un huitième
$\frac{1}{20}$	un vingtième

un kilo et demi *1½ Kilo*
deux heures et demie *2½ Stunden*
les trois quarts du terrain *¾ des Grundstücks*

◆ *MASSANGABEN*
Beachte folgende Konstruktionen:
avoir 30 cm **de longeur/de largeur/de hauteur**
oder **être long/large/haut de 30 cm**
30 cm lang/breit/hoch sein
ma chambre a 4 mètres **de long sur** 3 **de large**
mein Zimmer ist 4 m lang und 3 m breit/mein Zimmer ist 4×3 m groß

◆ *ENTFERNUNGEN*
combien y a-t-il d'ici jusqu'à Rouen? – **il y a** 20 km *wie weit ist es von hier bis Rouen? – (das sind) 20 km*
à quelle distance est l'aéroport? – il est **à** 7 km (**de distance**) *wie weit ist es bis zum Flughafen? – 7 km*

◆ *TELEFONNUMMERN*
Sie werden meist in Blöcken zu zwei oder drei Ziffern angegeben:
230810=23/08/10=vingt-trois/zéro huit/dix
2305145=230/51/45=deux cent trente/cinquante et un/quarante-cinq

Die Zeit

◆ Uhrzeit
es ist 2.00	il est deux heures
2.05	deux heures cinq
2.10	deux heures dix
2.15	deux heures et quart
2.20	deux heures vingt
2.25	deux heures vingt-cinq
2.30	deux heures et demie
2.35	trois heures moins vingt-cinq
2.40	trois heures moins vingt
2.45	trois heures moins le quart
2.50	trois heures moins dix
2.55	trois heures moins cinq
3.00	trois heures
12.00	midi
12.30	midi et demi

ZEIT

    24.00   minuit
     0.30   minuit et demi

Merke:
2.00–2.30: von der vollen bis zur halben Stunde werden die Minuten *hinzugezählt*
2.35–2.55: von der halben bis zur vollen Stunde werden die Minuten von der nächsten Stunde *abgezogen*

◆ Zur Unterscheidung zwischen morgens oder abends gibt es wie im Deutschen zwei Möglichkeiten:
i) durch Hinzufügen folgender Ausdrücke:
   du matin *(morgens)*
   de l'après-midi *(nachmittags)*
   du soir *(abends)*
   z.B.: **cinq heures du matin/de l'après-midi**
       fünf Uhr morgens/nachmittags
      onze heures du soir *elf Uhr abends*
      deux heures du matin
      zwei Uhr morgens/nachts
ii) indem man anstatt 12 Stunden 24 Stunden zählt:
    1.10 une heure dix
   13.10 treize heures dix
   14.15 quatorze heures quinze
   19.30 dix-neuf heures trente
   Merke: **midi**=12 Uhr mittags
            minuit=Mitternacht

◆ Wichtige Wendungen:
quelle heure est-il? – il est ...
wieviel Uhr ist es? – es ist ...
à quelle heure est-ce que vous arrivez? – **à une heure et demie** *um wieviel Uhr kommen Sie an? – um halb zwei*
avez-vous l'heure? *wissen Sie, wie spät es ist?*
au bout de vingt minutes *nach zwanzig Minuten*
vers huit heures *gegen acht Uhr*
à sept heures **précises** *um Punkt sieben Uhr/genau um sieben Uhr*

dans un quart d'heure/une demi-heure *in einer Viertelstunde/einer halben Stunde*
ma montre **avance/retarde de** dix minutes *meine Uhr geht zehn Minuten vor/nach*
nous avons trois heures **de retard** *wir haben drei Stunden Verspätung*
le train **de** cinq heures *der 5 Uhr-Zug*
elle est partie **il y a** cinq minutes *sie ist vor fünf Minuten gegangen*
ça **dure** deux heures *es dauert zwei Stunden*

◆ *WOCHENTAGE*
(C'est) lundi *(heute ist) Montag*
     mardi
     mercredi
     jeudi
     vendredi
     samedi
     dimanche
il arrive samedi *er kommt am Samstag*
il fait la grasse matinée le samedi *samstags bleibt er immer lange im Bett*
jeudi matin *(am) Donnerstag morgen;* **jeudi après-midi** *(am) Donnerstag nachmittag;* **jeudi soir** *(am) Donnerstag abend;* **tous les jeudis (soir)** *jeden Donnerstag (abend);* **aujourd'hui/ demain c'est jeudi** *heute/morgen ist Donnerstag*
lundi prochain/dernier *(am) kommenden/ vergangenen Montag*
lundi en huit/en quinze *Montag in 8/14 Tagen*

◆ *MONATE*
quel jour sommes-nous? *welches Datum haben wir heute?*
le douze janvier *der 12. Januar*
       février
       mars   **août**
       avril   **septembre**
       mai   **octobre**
       juin   **novembre**
       juillet   **décembre**

en mai, au mois de mai *im Mai;* **jusqu'en avril**
bis (zum) April

Mit Ausnahme des Monatsersten ('le premier')
wird das Datum im Französischen in
Grundzahlen angegeben
(d.h. 'deux', 'trois', 'quatre' etc.: siehe ZAHLEN):
le cinq avril *am/den 5. April*
le premier mai *am/den 1. Mai*
le vingt et un mars *am/den 21. März*
Im Brief wird das Datum meist in Ziffern
angegeben:
le 5 avril 1985 *(den) 5. April 1985*
dimanche 7 décembre *Sonntag, den 7.
Dezember*

◆ *DIE JAHRESZEITEN*

le printemps	*der Frühling*
l'été *(m)*	*der Sommer*
l'automne *(m)*	*der Herbst*
l'hiver *(m)*	*der Winter*

au printemps *im Frühling*
en été/automne/hiver *im Sommer/Herbst/
Winter*
le printemps dernier *im letzten Frühjahr*
l'été dernier, l'hiver prochain *im letzten
Sommer, im nächsten Winter*

Die Zeiten des Verbs Der Gebrauch der
Zeiten (zur Bildung siehe KONJUGATION)

1. *Präsens* ('le présent')
Der Gebrauch des Präsens im Französischen
stimmt im wesentlichen mit dem Deutschen
überein:
   il **regarde** la télévision *er sieht fern*
   il **commence** à pleuvoir *es fängt an zu regnen*
   je **pars** demain *ich fahre morgen ab*
   elle **habite** à Paris *sie lebt in Paris*

2. *Imperfekt* ('l'imparfait')
Es beschreibt:
   (i) einen Vorgang oder einen Zustand in der

Vergangenheit, der zeitlich nicht genau begrenzt ist:
nous **sortions** quand il est arrivé
wir waren im Begriff zu gehen, als er ankam
elle **portait** une robe bleue
sie trug ein blaues Kleid
le soleil **brillait**
die Sonne schien

(ii) regelmäßig wiederkehrende Handlungen in der Vergangenheit:
je **prenais** le train de 7h.30
ich nahm (immer) den Zug um halb acht
elle **nageait** tous les jours
sie ging jeden Tag schwimmen

Beachte auch den Gebrauch nach 'si':
si j'**avais** plus d'argent
wenn ich mehr Geld hätte

3. *Perfekt* ('le passé composé')
Es beschreibt eine in sich abgeschlossene Handlung in der Vergangenheit:
j'**ai ouvert** les fenêtres
ich öffnete die Fenster/ich habe die Fenster geöffnet
elle **a perdu** son porte-monnaie
sie hat ihren Geldbeutel verloren
Merke: Das Perfekt wird in der gesprochenen Sprache und im Brief verwendet

4. *Passé simple*
Es ist die Form der schriftlichen Erzählung und beschreibt einzelne, in sich abgeschlossene Vorgänge in der Vergangenheit. Das Passé simple gehört der gehobenen Schriftsprache an; in der Unterhaltung wird es nicht verwendet.

5. *Futur I*
Es bezeichnet eine Handlung, die in der Zukunft geschehen wird:
il **sera** content *er wird zufrieden sein*
je **lirai** un livre *ich werde ein Buch lesen*

a) Das Französische verwendet häufiger das Futur, während im Deutschen meist Präsens steht:
dites-le-lui quand vous le **verrez**
sagen Sie es ihm, wenn Sie ihn sehen
tu **viendras** avec nous?
kommst du mit uns?
j'espère qu'il **partira** bientôt
ich hoffe, daß er bald abreist

b) Das 'futur composé' – **aller**+Infinitiv – bezeichnet eine Handlung oder ein Geschehen, die unmittelbar bevorstehen:
je **vais manquer** le train
ich verpasse noch den Zug
il **va** le **faire** demain
er wird es morgen erledigen/er macht es morgen
il **allait** le **faire**
er wollte es gerade machen

6. Futur II
Es bezeichnet eine Handlung, die in der Zukunft abgeschlossen sein wird:
nous partirons quand nous l'**aurons fait**
wir gehen, wenn wir damit fertig sind
dès que je l'**aurai lu**
sobald ich das gelesen habe

7. Konditional I ('le conditionnel présent')
Es bezeichnet eine von der Vergangenheit aus gesehene Form in der Zukunft; ferner eine Möglichkeit, einen Wunsch oder eine irreale Vorstellung:
il **serait** content *er wäre zufrieden*
pourriez-vous me dire ... *könnten Sie mir sagen ...*
je **pourrais** le faire si j'avais le temps *ich könnte es machen, wenn ich nur die Zeit hätte*

8. Konditional II ('le conditionnel passé'):
si je l'avais vu, je lui **aurais parlé** *wenn ich ihn gesehen hätte, hätte ich mit ihm gesprochen*

Zeitwort siehe VERB